Modeste hommage au
Maître
l'auteur
Khanallah

Beyrouth le 9 mai
1914.

LA SYRIE

(Revue du Monde Musulman)

K. T. KHAÏRALLAH

—

LA SYRIE

Territoire. Origines ethniques et politiques

Évolution

Esquisses : La vie sociale et littéraire

La vie politique en Syrie et au Liban

———

PARIS

ERNEST LEROUX, ÉDITEUR

28, RUE BONAPARTE (VIᵉ)

1912

LA SYRIE

INTRODUCTION

Il est un coin du monde où le monde entier a passé, et les peuples y ont laissé, chacun, des traces et des débris. On y a parlé toutes les langues, on y a adoré tous les dieux. C'est la Syrie.

Parmi les ruines du passé, sur la cendre éteinte des peuples et des civilisations antiques, il s'est refait un ordre de choses nouveau ; une nouvelle génération est née, portant sur son front, jeune d'espoir, l'ombre de bien des rêves.

Ce sont les origines de cet ordre nouveau, c'est le tableau rapide de cette vie que présentent ces pages.

Géographiquement parlant, la Palestine fait partie intégrante de la Syrie ; mais il n'en est point ainsi au point de vue social.

L'évolution de la Palestine, s'il y a évolution, est autre que celle de la Syrie proprement dite.

Il en a été ainsi d'ailleurs de tout temps : théocratique et hiérarchique à côté de la démocratique et républicaine Phénicie, la Palestine avait son roi et ses lois propres. Israël voyait dans tout étranger un ennemi, et le souple Phénicien, citoyen du monde, se mêlait à tous les peuples, abordait à tous les rivages, portant partout, avec les produits de son génie industriel, le germe de la civilisation et de la grande fraternité des peuples.

Et maintenant, bercée par l'hymne lugubre de l'interminable caravane qui vient se prosterner sur la tombe du Nazaréen crucifié, la morne Palestine ne peut rouvrir ses paupières lourdes de leur dernier sommeil, alors que la Syrie voit venir sur ses horizons attristés l'aube d'une vie nouvelle.

I

LE TERRITOIRE

Kharon, Zahi, Lotanon, Kefation des anciens Égyptiens (1), *Aram* de la Bible, la Syrie doit aux Grecs et aux Romains son nom actuel très répandu aujourd'hui en arabe et en turc : *Sourya*. Le nom romain de Syria venait, disent les uns, du nom grec de l'Assyrie, ou suivant les autres, de la ville phénicienne de *Sour*. Les Arabes ont d'abord appelé la Syrie *Cham*. On donne à ce mot plusieurs étymologies : il viendrait de Sam, ancêtre des Sémites, par transformation du *sin* en *chin*, ou de sa situation à gauche de la Ka'ba, par opposition au Yémen. Plus poétiquement *Ach Cham* devrait son nom à sa ressemblance avec un grain de beauté (Châma).

La Syrie politique (Souria) comprend actuellement :

1° Le sandjak d'Alep dans le vilayet de même nom, qui possède en outre, deux autres sandjaks (Orfa et Marach), au delà des limites naturelles de la Syrie;

2° Le vilayet de Beyrouth, comprenant 5 sandjaks : Beyrouth, Latakié (Ladèquié), Taraboulous Ach Cham, Akka, l'ancienne Ptolémaïs (Saint Jean d'Acre), Al Balka;

3° Le vilayet de Sourya, 4 sandjaks : Damas, Hama, Hauran, Karak;

(1) MASPERO, *Histoire ancienne des peuples classiques de l'Orient*, vol. 1, p. 190.

4° Une partie du sandjak de Zor, détaché du vilayet d'Alep, Deir Az-Zor et Tadmor (Palmyre);

5° Le Liban autonome, 6 cazas : Koura, Batroun, Kes rouan, Maïn, Chouf, Djezzin, Zahlé et un moudirié : Deïr Al-Kamar.

Longue bande de terre resserrée entre la Méditerranée et la mer de sable du désert, le *Biladou Cham* se développe du nord au sud du mont Taurus (Djabal Touros) et de l'Euphrate (Al-Fourat) jusqu'au désert d'Al Arich. Il est bordé, longé, coupé par des chaînes de montagnes et des vallées parfois si étroites que leurs parois semblent se toucher, et parfois larges et s'étalant en vastes plaines. Cette structure montagneuse divise la Syrie en différentes petites régions quasi indépendantes.

1° C'est d'abord la haute plaine d'Alep et ses environs . *Biladoul Halabi* (*Commagène*, *Cyrresthique*, *Chalcidique* et *Tétrapole* des Grecs et des Romains). Elle s'étend du Taurus, de l'Amanus, le *Likam* arabe et l'*Akma Dagh* turc, à l'Euphrate et à l'Oronte (Nahr al-Açi : fleuve rebelle);

2° Le Djabal an-Nouçaïrié, l'ancien *Bargylus*, de l'Oronte à Nahr al-Kébir, l'*Eleutherus*;

3° Le Liban ou *Djabal Libnân*, de Nahr al Kébir à Nahr al Kasmyé ou *Litani*, l'ancien *Léontès*;

4° Les plaines de Balbek et d'Al-Bekâ, entre le Liban et l'Antiliban ou Djabal ach-Charki (mont de l'Est);

5° Badiatou Cham ou le pays de Damas, la *Darmasouk* du syriaque, la *Damechek* de l'hébreu, la *Dimachk* de l'arabe. Elle confine au désert.

6° Enfin toute la Palestine jusqu'à l'Arich.

La Syrie a des bornes naturelles bien définies : la mer, les montagnes et le désert. Son relief, en diversifiant son climat, lui donne les produits les plus divers et les arbres de tous les pays.

La disposition physique a profondément influencé la destinée politique. Morcelée, dans son intérieur par des barrières qui empêchent ses populations de se mêler et de fusionner en une seule masse, la Syrie ne connut jamais l'unité. Divisée en petits États rivaux et souvent ennemis, elle a toujours été en proie aux luttes intestines, dans ses rares loisirs d'indépendance.

Un autre désavantage naturel ressort de la disproportion de la longueur et de la largeur (1.000 × 160 kilomètres environ). Cette disproportion prive la Syrie d'un centre naturel, d'où le rayonnement d'une force unique pourrait s'étendre à tout son territoire pour le dominer.

Ces deux inconvénients, les montagnes et le manque de centre unique, ont eu pratiquement leur bon côté : grâce à cette disposition, jamais la Syrie n'a pu être tuée d'un coup et asservie toute. Au jour du danger, les habitants désertaient le littoral et les plaines à l'accès facile, pour se retrancher dans les montagnes ; et conquérants conquis à leur tour, ils sauvaient leurs débris d'une destruction fatale.

L'ancienne prospérité de la Syrie était due surtout à sa position qui en faisait le trait d'union des peuples. Sise aux portes de l'Orient, entre l'Asie dont elle fait partie, l'Europe et l'Afrique auxquelles elle tend la main, elle profitait des voies faciles de la mer qu'elle fut la première à affronter, et des routes continentales de l'Orient qui ne pouvaient se détourner d'elle. Elle s'est trouvée au centre des grandes civilisations antiques. Al Masrioun (les Égyptiens), Al-Achourioun (les Assyriens), Al Farsioun (les Persans), Al Younân (les Grecs) ont fait rayonner sur elle l'éclat de leurs splendeurs. Certes, elle eut sa civilisation propre, aux jours de Byblos, de Beryte et de Tyr, mais ce qui la caractérise, c'est qu'elle fut le rendez vous de tous les peuples. Sur son petit territoire se pressaient toutes les nations, y portant, avec les produits de leurs industries, leurs langues et leurs dieux. Des cités florissantes étalèrent tour à tour leurs merveilleuses splendeurs et laissèrent après elles les souvenirs les plus divers : c'est Alep (1) la blanche (Ach Chahba); Antioche (2) à l'ombre de ses coupoles et de ses tours ; Tadmor (3) la ville aux colonnes ; Damas (4) au fleuve d'or (Chrysorrhoas); Baalbek (5) l'amante du soleil (Héliopolis), Byblos d'Astaroth; Tyr et Sidon, les villes aux pourpres.

Ces avantages firent le malheur de la Syrie. Elle ne sortait de la main d'un maître que pour retomber dans celle d'un autre. Les ruines s'y accumulaient, sans cependant épuiser ses ressources. Elle resta prospère, quoique asservie, jusqu'au jour où le Portugais Vasco de Gama, doublant le cap de Bonne-Espérance, détourna d'elle la caravane humaine en ouvrant la nouvelle voie de l'Orient. C'était un coup mortel, et F. de Lesseps l'acheva en mêlant les eaux de Bahr al Koulzoum (mer Rouge) avec Bahr ar-Roûm (la Méditerrannée) par le canal de Suez.

La riche Mésopotamie (Baïn an nahraïn) dévastée, les grandes routes de l'Orient désertes, les troubles, les invasions, les guerres civiles, c'en est fait pour longtemps de la prospérité de la Syrie. Mais tout n'est pas perdu. Les

(1) Alep (125.000 h.), ville très ancienne, connue par les Assyriens sous le nom de Halab, par les Égyptiens sous le nom de Khalebon, par les Grecs sous le nom de Bœréa. C'était déjà sous les Égyptiens la ville forte des Hittites. Les Arabes attribuent sa construction à Abraham.

(2) Antakia (24.000 h.), fondée par Séleucus Nicator, général d'Alexandre, fondateur de la dynastie des Séleucides en Syrie (312 64 avant J C.) et nommée Antioche en l'honneur d'Antiochus, son père

(3) Palmyre ou la ville des Palmiers (3.000 h.) fondée, dit on par Salomon, qui y éleva un temple à Baal. Elle brilla sous la reine Zénobie, vaincue et emmenée captive par Aurélien, qui peu après détruit la ville (273) Dès lors Tadmor disparut et ce n'est qu'en 1691 que des marchands anglais d'Alep la retrouvent. Wood et Dawkins l'explorent en 1751. Mais c'est la description enthousiaste de Volney (1785) qui attire sur elle l'attention des savants et des touristes.

(4) Ville araméenne très ancienne (155 000 h.), florissante par son industrie.

(5) 5 000 h., antique ville pl ancienne consacrée a Baal, dont les Grecs firent Héliopolis et où les Romains élevèrent un temple gigantesque, dont les ruines importantes, subsistent encore.

quelques voies rapides de communications qui existent déjà ont fait circuler une vie nouvelle, et le jour où le chameau traditionnel sera partout supplanté par la locomotive, où des voies ferrées longeront les routes antiques de l'Orient, la Syrie pourra devenir aussi prospère qu'aux anciens jours.

ETHNOGRAPHIE ET STATISTIQUE

Jamais, sur un espace relativement petit, on n'a vu se grouper et se mêler, sans se confondre, tant de races et de religions. Pour ne point se perdre dans ce dédale, il faut admettre, pour un moment, les divisions religieuses.

Deux grandes religions se partagent la Syrie à proportions inégales : l'Islam et la Nouçranya (le christianisme). D'autres croyances s'y trouvent encore, indépendantes de l'une et de l'autre, au moins pour leur état actuel.

L'Islam est représenté par les Sunnites et les Chiites. Suivant le point de vue on peut lui rattacher aussi, ou en séparer les sectes variées ou religions indépendantes, dont les doctrines ont, soit une base non islamique, avec adjonctions islamiques, soit l'inverse.

Les Sunnites représentent, en Syrie, *l'élément arabe de l'époque de la conquête et les Syriens islamisés* (chrétiens, juifs, païens).

Leur nombre se monterait à 1.350.000 (1). Ils se subdivisent en *Hadars* pour les 9/10 et en *Badous*.

---

(1) En l'absence de recensements valables, on ne peut accorder qu'une confiance relative aux chiffres résultant des statistiques officielles. En dehors du Liban, elles n'ont pour base que les états officiels, dressés par renseignements administratifs, pour l'établissement des listes individuelles, de l'impôt et du service militaire. Au Liban, il a été procédé en 1864 à un recensement complet et rigoureux non publié et non renouvelé. Dans ces

Les *Haḍars*, ou sédentaires, se trouvent surtout dans le Nord et dans les villes du littoral.

Les *Badous*, ou nomades, vivant de l'élève du mouton, du cheval et du chameau, se livrent encore entre temps au *Ghaʒou* traditionnel (razzia). Divisés en tribus, ils sont échelonnés le long de la frontière orientale entre les territoires extrêmes des Baraks, qui campent au nord d'Alep, et des Mayalis, qui vivent aux environs du Karak.

Se rattachent encore aux Sunnites les *Nawars*, *Zotts* ou *Zcotts*, connus en Europe sous le nom de Tziganes. D'origine indienne, ils auraient été envoyés en Perse pour apprendre aux *Adjems* la musique. Al Hadjadj en aurait fondé une colonie dans la région du Bas Tigre (Ad Didjla). Révoltés et matés par les khalifes de Bagdad, ils sont transportés à Khanékin (834) et de là en partie au Nord de la Syrie (1).

Les Chiites, *Alawiyoun*, ou Rafidis comme les appellent leurs ennemis, comprennent :

1° Les Metwalis, qui, suivant les historiens orientaux, · descendraient des colonies persanes établies par Mou'awiah sur le littoral syrien pour le garder. Un jeune savant de *Nabaṭieh*, le plus grand centre *chi'ite* du Liban, Cheikh Aḥmad Riḍa, revendique au contraire, pour sa nation une origine arabe et se réclame des prédications *socialistes* (sic) d'Abou Zar, exilé en Syrie (2).

La masse de Metwalis se trouve à Ba'albek, à Bilad

---

conditions on est obligé, pour se rapprocher de la réalité, d'interpréter les chiffres officiels.

Ayant eu l'occasion, comme fonctionnaire du gouvernement libanais, de prendre part à un essai de recensement, resté inachevé, je crois devoir ici prendre comme base générale les données fournies par la *Géographie de la Syrie*, écrite il y a quinze ans par Th. Vazeux, sous la direction de Mgr J. Debs, le grand historien syrien, en les augmentant souvent de 40 à 50 p. 100 (K.)

(1) M. DE GOEJE, *Mémoire sur les migrations des Tziganes à travers l'Asie*, p. 83

(2) *Al 'Irfân*, vol. II, p. 237.

Bechara ou Djabal 'Amel, dans le revers occidental du Liban, à Sour et Saïda (120.000),

2° Les *Tcherkesses* (Circassiens) émigrés du Caucase aux environs d'Alep et dans le Hauran (40.000);

3° Les *Kurdes* (*Carduques* des Grecs), dont la masse se trouve au delà de la frontière syrienne, possèdent une colonie de 40.000 habitants en Syrie. Malgré leur réputation de brigandage, ils ont donné naissance à Salahoud Din Saladin):

4° Les Turcomans, de souche ouralo altaïque, sont sur les rives de l'Euphrate (*Al Fourat*) (35 à 40.000);

5° Les Persans, disséminés dans les grands centres où ils se livrent au commerce (5 à 6 000).

Sectes ou religions indépendantes.

La plupart sont « Imamiennes ». Elles procèdent, quant aux origines historiques, des évolutions de l'idée de l'Imamat dans l'Alidisme. Mais, avec ce point de départ commun, les traditions s'écartent et les doctrines se divisent ou s'opposent.

1° *Druses.* Pour eux, le dernier Imam est Hakim Biamr Illah, khalife fathimite d'Égypte (996 1020). Leur nom vient de Darazi, l'apôtre du dieu Fathimite. Leurs *Khalouet* de prières n'ont pas de mihrab, et pour eux l'Intercesseur est Hakim. L'initiation religieuse qui extérieurement se manifestait naguère par le port d'un turban blanc, divisait la population druse en : Initiés, *Okhal*, et non initiés, *Djohhal*. Aujourd'hui ces divisions tendent à s'effacer, au moins extérieurement, la jeunesse ayant adopté le tarbouch et se désintéressant de l'initiation religieuse.

La masse de Druses se trouve au Liban, dans le Hauran et le Wadi Taïm. On peut en compter de 150 à 200.000.

Cheikh M. Hamadé, grand-prêtre des Druses, et son fils aîné, à Baaklin.

2° *Nouçaïriés*, du nom d'Ibn Nouçaïr (Abou Chouaïb Mohammed Al 'Abdi Al Bakri An Noumaïri), partisan du onzième Imam des Chiites, Hasan Al Askari, suivant l'opinion la plus généralement admise. Leur nom même évoque d'ailleurs aussi l'idée d'antécédents non islamiques et on en retrouve des traces au moins dans les traditions courantes.

Si peu nombreux que soient les Nouçaïriés, ils ont compté dans leur religion plusieurs sectes (1). Elle représente en réalité plusieurs variétés de déformations de l'idée Ima mienne. Malgré les préférences d'Ibn Nouçaïr, elle englobe ainsi jusqu'à la croyance en Ali, septième Imam, Émir des abeilles, des étoiles et planètes divinisées, et lui même, dernière manifestation de la divinité, avec Mohammed, créé de sa lumière et sa représentation concrète; Salman Al Farisi, émanant de lui, complète la Trinité. En un mot, le nom collectif, que les Imamiens Nouçaïriés doivent à leur apôtre, ne représente administrativement et sociale ment qu'un groupe de populations, quoique doctrinairement il bloque des sectes de même origine mais d'aboutissements différents. Eux aussi ont des initiés et des non initiés : *Khassat* et *'Ammat*.

Ils font partie de ces Alides, contre lesquels les passions populaires se sont exercées, en leur attribuant des rites ou des cultes sexuels. Dans leur cas particulier, il s'agirait du culte des organes de la femme. Renan lui même a signalé comme de provenance chrétienne, ces accusations, dont l'intérêt principal est de marquer la violence des antipathies sunnites contre quelques déviations chiites sous l'influence d'un mysticisme imprégné dans sa phraséologie des idées de fécondation et de reproduction.

Les Nouçaïriés habitent en groupe la montagne qui porte leur nom, le Djabal Sommak des Arabes. On peut en éva luer le nombre à 175 ou 200.000.

(1) R. DUSSAUD, *les Nossairis*, p. 41

3º Les *Ismaïliés*, eux aussi, sont fractionnés en plusieurs branches sous le nom générique, qui procède du souvenir de leur dernier Imam. Ismaïl, fils de Djaafer As Siddik. Après avoir joué un grand rôle en Syrie et en Égypte contre les adversaires des derniers Fathimites, ils ne forment plus qu'une petite colonie syrienne, au milieu des Nouçaïriés, leurs adversaires acharnés. Maîtres d'Alamout en 1090, ils s'étaient établis en Syrie en 1107, à côté d'autres Imamiens, mais furent, de la part d'Houlagou, l'objet d'une persécu tion particulièrement impitoyable, et se dispersèrent alors dans tout l'Islam iranien. C'est ainsi qu'on en retrouve aujourd'hui encore une branche indépendante et prospère aux Indes, les Khodjas, venus eux mêmes de Perse, pendant la première moitié du dix neuvième siècle. D'autres branches figurent encore en Afghanistan, au Béloutchistan et en Perse.

De toute cette histoire un moment retentissante avec les Hachichin des Croisés, il ne subsiste en Syrie qu'un îlot de 20 à 25.000 Ismaïliens, au Djebel Nouçaïrié, à Kadmous, Masdjad et Salamyé.

On ne peut classer parmi les Imamiens les *Yézidiés*, qui appartiennent à un élément cantonné ailleurs. Chahris tani (1) en fait à tort des Imamiens, en les rattachant à Yézid ibn Ounaïsah. En réalité, ils honorent le soleil et les astres, les éléments, les phénomènes de la nature, le prin cipe du bien et du mal. D'origine kurde, ils ont une trinité représentée par *Malak Taous*, Chaïkh 'Adi et Yézid, au dessus de laquelle se trouve *Khada* ou *Rabbou l 'Alemin*. Ils ont emprunté aux religions avoisinantes; on constate chez eux des influences manichéennes dans les croyances et chrétiennes dans les rites. Leur masse est en Mésopota mie et en Arménie, où trois expéditions turques furent

(1) *Al Milal wan Nihal.*

dirigées contre eux en 1837, 1847, 1872. Ils n'ont en Syrie qu'une petite colonie, à Djabal Sim'an, dans le nord. Entre les Yézidiés et quelques représentants d'autres religions dispersées ou de cultes sans organisation cohérente, on peut compter 12 à 15.000 non Musulmans.

Israélites.

Les Israélites, *Al Yahoud*, Syriens ou immigrés, sont au nombre de 100.000, y compris ceux de la Palestine.

On trouve, en outre, quelques centaines de Samaritains à Naplouse et dans les environs.

Chrétiens.

Catholiques : 1° Les Maronites, ainsi appelés du nom de saint Maron, du cinquième siècle, autour duquel se groupa un nombre de chrétiens, qui, se retranchant par la suite dans les montagnes du Liban, s'y maintinrent jusqu'à nos jours (450.000);

2° Les Grecs Melchites ou impériaux, ainsi appelés pour s'être mis autrefois du côté des empereurs de Constantinople (140.000);

3° Les Syriens, anciens Jacobites (15.000);

4° Les Chaldéens, anciens Nestoriens (6.000);

5° Les Arméniens (10.000).

Ces trois dernières communautés ne possèdent en Syrie que des petites colonies, surtout dans le nord. Leurs centres sont hors de la Syrie, en Mésopotamie et en Arménie.

6° Les Latins, disséminés dans les grands centres (20.000).

Non catholiques : 1° Les Grecs orthodoxes (Roums), partisans de Photius (866) et de Michel Cérulaire (1057), se trouvent au Liban, Tripoli, Beyrouth et Damas (200.000);

2° Les Jacobites (Ya'kibah), du nom de Ya'akoub (Jacob) Barde'i. monophysiste du cinquième siècle, sont au nord et sur les bords de l'Euphrate (10.000) ;

4° Les *Nestoriens*, partisans de Nestorius, condamné au Concile d'Éphèse (431) (6.000) ;

4° Les Arméniens Grégoriens, au nord (25.000) ;

Ces trois dernières communautés ont également leurs centres en Mésopotamie et en Arménie.

Pour avoir un tableau complet de la population syrienne, il resterait à citer les différents éléments étrangers, qu'on peut estimer en bloc à 40.000 âmes.

Récapitulation.

Comme nous venons de le voir, la Syrie est entourée par des nationalités encore très arriérés, qui lui font comme une seconde frontière : Les *Tcherkesses* et les *Yézidis* la séparent de l'Anatolie; les *Kurdes*, les *Nawars* et les *Turcomans*, de l'Arménie et de la Mésopotamie, et le long de la frontière désertique s'étendent les tribus des *Badous*. Remontant jusqu'en face de Birdjik, où campent les *Barahs*, elles descendent en groupes distincts et s'arrondissent jusqu'au désert d''Al 'Arich avec les *Tarabins*. Ce sont, allant du nord au sud, les *Bani Sa'id*, les *Arabou-Salibs*, les *Bani-Banneh*, les *Bani Khaled*, les *Houdaïdié*, les *'Arab 'Ammour*, les *Na'ïms*, les *Skheifs*, les *'Attars*, les *'Anezés*, les *Soubeihs*, les *Mayalis*, les *'Azazimis*, toute une muraille humaine, compacte et flottante, comme ces flots de sables du désert, qui fascine leur âme sauvage par son aspect d'immense désolation. Tout a évolué, et ces populations, nomades incorrigibles, restent, sous leurs tuniques patriarcales, ce qu'elles furent, il y a quatorze siècles, lorsqu'il se trouva un homme de génie pour les grouper et les lancer sur le monde. Vivant de liberté et de

privations, elles regardent avec un souverain mépris tout
ce qui n'est pas leur vie indépendante. Quelque chose des
vertus antiques leur est resté : la simplicité, la fierté, l'honneur, et une certaine majesté, même sous les haillons.
Lorsqu'elles se livrent au *ghazou*, la *razzia*, qui est pour
elles la *lutte pour la vie*, il leur reste encore une certaine
honnêteté, une certaine humanité.

Mais ce sont les Arabes. Il n'en est point ainsi des Kurdes,
Turcomans, Tcherkesses, Yézidiés, Nawars, Isma'iliés,
autant de populations indomptables et incorrigibles, ayant
derrière elles pour les renforcer, par delà la frontière
syrienne, un vaste réservoir de peuplades sauvages et ter
ribles. L'Arabe, si tombé qu'il soit, possède toujours un
reste de qualités morales et intellectuelles qui le rend apte
à une prompte civilisation. Mais, il faudra lutter longtemps
avant d'apprivoiser ces natures sauvages, que leur instinct
ne porte qu'à détruire.

Dans l'intérieur et sur le littoral de la Syrie, tout n'est
pas ordre et civilisation. Plusieurs nationalités sont encore
dans un état déplorable. Mais il y a en elles des vertus
de races, qui en font, non seulement des sujets civili
sables, mais de précieux instruments de richesse natio
nale.

Les Nouçaïriés, qui sont les plus en retard, sont un peuple
essentiellement agricole. Malgré leur abaissement moral,
ils brillent par la vertu du travail résigné.

Les Metwalis, de constitution physique et morale plus
forte que les Nouçaïriés, après bien des aventures guer-
rières, sont revenus au labeur agricole et présentent une
activité remarquable.

Les Druses, qu'on a longtemps calomniés, parce qu'ils
avaient été englobés dans les machinations d'une politique
sanguinaire, ont fait preuve, depuis, d'une vitalité surpre
nante. Ils possèdent au Liban une élite remarquable. Ceux
du Hauran veulent être des travailleurs de la terre. S'ils

ont fait la guerre, c'est parce qu'on les y a forcés, pour le vain plaisir d'une victoire facile

Les Musulmans de villes, malgré le fanatisme barbare qui gît encore au fond des couches populaires, n'ont pas laissé de faire un grand pas vers le progrès, grâce à une élite éclairée, libérale, tolérante, qui ne cesse de les pous ser vers l'instruction, le travail, conditions essentielles de la paix et de la concorde.

Personne ne pourra nous taxer de partialité si nous disons que l'élément chrétien est le plus civilisé. Le Liban surtout, boulevard du christianisme, tient le premier rang, d'après le témoignage de Mohammed Efendi Kurd 'Ali, le distingué publiciste musulman de Damas, il est à la Syrie, pour citer son propre terme, ce que Paris est à la France (1).

Devant toutes ces nationalités qui peuplent la Syrie, différentes d'origine, d'histoire, de croyances, de mœurs, de tendances, voire même de langue, on est porté à se demander si jamais ces éléments hétérogènes peuvent réa liser l'unité sociale. De longs siècles de vie commune ont été impuissants à le faire, et, portant les yeux sur l'avenir, on se sent envahi par un profond découragement.

Mais, si jamais la Syrie n'a été *une*, c'est qu'elle a tou jours eu des maîtres, et jamais un gouvernement. L'oppres sion commune, le mépris des droits, une politique de divi- sion, recours d'un maître tremblant pour son autorité, les luttes fratricides, la dévastation et la misère, ne sont pas de nature à rapprocher des éléments si disparates. Mais l'évolution moderne a tout changé, une évolution intellectuelle et économique. Et le jour où il y aura un gouvernement, c'est à dire une autorité acceptée par le peuple et travaillant dans son intérêt, utilisant toutes ces forces gaspillées aujourd'hui, tirant parti de tant de mer

(1) *Al Mohtabas*, vol. VII, p. 30.

Palais des Dioumblat à Moukhtara.

veilleuses aptitudes, sachant rapprocher ces éléments divers
avec une même langue et sous une même direction, ce
jour-là l'unité sociale sera, l'harmonie naîtra de la diversité
même, et il y aura, sous le resplendissant reflet du soleil
oriental, quelque chose comme une mosaïque de peuples.

LA SYRIE MUSULMANE

La domination arabe en Syrie a laissé une trace profonde qui subsiste encore. Ce ne fut point, à proprement parler, une conquête, car au lendemain de l'organisation, conquérants et conquis, groupés par la même foi, marchent côte à côte pour le triomphe de la même cause : c'est plutôt la coopération des deux branches réunies de la même race, la race sémite.

Malgré leur puissance et leur domination, les Grecs et les Romains ne laissèrent après eux que des colonies et des monuments. Ils dotèrent le pays d'une belle organisation, mais jamais l'hellénisme d'Athènes, de Rome ou de Byzance ne réussit à transformer le sémitisme, et vingt cinq ans ne se sont pas écoulés depuis l'arrivée des Arabes, que la Syrie devient le centre de l'Islam. Le triomphe des Arabes, c'est le triomphe du sémitisme, c'est une délivrance plutôt qu'une conquête et en retour de cette délivrance, le Syrien mettra au service de son libérateur, ses connaissances acquises au jour de la servitude.

La Syrie apparaissait comme un mirage lointain dans les souvenirs de Mahomet. C'est là qu'il aurait eu, cheminant à la tête de la caravane de Khadidja, la première inspiration de sa mission prophétique. Cependant ce ne fut que bien tard qu'il pensa à en réaliser la conquête.

Plusieurs expéditions y furent dirigées. Celles de *Djof* (1)
en l'an 5 de l'hégire, celle de *Douma*, d'où revient vainqueur, après avoir épousé la fille du prince vaincu, Abdar-
Rahman ibn Auf (2); celle de *Mouta* où Khaled ibn Al Walid
sauve les débris de l'armée musulmane (3); celles de
Khoza'a (4) et de *Tabouk* (5), de *Douma* encore et de
Taïma (6), qui furent plus heureuses.

Mahomet préparait une dernière expédition contre la
Syrie quand la mort vint le surprendre. C'était en l'an 11.
L'expédition fut poursuivie et ne dura que 70 jours.

C'est en l'an 12 (639) que devait avoir lieu l'expédition
définitive.

Divisée en trois colonnes, suivant des voies différentes,
l'armée musulmane remporte des succès partiels à *Dathin*
et à *Araba*. Après la victoire d'*Adjenadaïn*, *Gaza* se rend.
La mort du premier khalife Abou Bakr n'arrête point l'ar
mée victorieuse qui prend *Damas* et s'avance jusqu'à *Apamée*. Refoulés par les Grecs, les Musulmans reculent jusqu'à l'*Yarmouk* (Hiéromax) où a lieu la bataille définitive.
Les Arabes victorieux se répandirent dans toute la Syrie.
Aelia (Jérusalem) fut prise en l'an 16 (637); *Césarée*, en
l'an 19. Ce fut un siège long et pénible : « Dieu est grand ! »
s'écria le khalife Omar en apprenant l'heureuse nouvelle.

Mou'awiah est nommé gouverneur général de la nouvelle
conquête, et la Syrie, selon l'expression du grand Khaled,
se coucha comme un chameau.

La terre que venaient de conquérir les Arabes était peu-
plée des races les plus diverses, qu'y avaient amenées les
conquêtes passées et où l'élément primitif était noyé.

(1) Tabari, I, 1601 1763.
(2) *Loc. cit.*, 1556.   Al Wakidi, *Kitabou l Maghazi*, p. 5.
(3) Ibn Hicham, p. 638; Tabari, I, p. 1462.
(4) Tabari, I, 1601.
(5) *Ibid.*, I, 1703.
(6) *Ibid.*, I, 2081.

Les plus anciens peuples de la Syrie, sont les *Kananéens*, les *Araméens*, les *Amorrhéens* et les *Hittites* que les tablettes de *Tall al Amarna* nous représentent en guerre entre eux et appelant les étrangers à leur secours. *Tout mosis Ier* (XVIII° dynastie) inaugure la série des conquêtes égyptiennes. Puis viennent les Assyriens (690 av. J.-C.), les Babyloniens, et *Cyrus* leur dompteur. *Alexandre* la tra verse en courant (332), pousse jusqu'aux Indes et revient mourir sur les ruines de Babylone (323)

De la succession du héros macédonien, *Séleucus Nicator* prend la Syrie et y fonde *Antioche* et la dynastie des *Séleucides* (312 64).

Pompée la donne à Rome et c'est encore Byzance qui la gardait quand les Perses la lui arrachent. *Héraclius* la reprend pour la céder aux Arabes (635).

La population syrienne était un mélange de tous ces débris de peuples. Les Séleucides amenèrent des garnisons grecques qui restèrent dans le pays qu'ils venaient garder. Les Romains (1) établirent des colonies : *colonia juris italici*. Après avoir débuté par Beyrouth, *Colonia Julia Augusta Felix Berytus*, elles s'étendirent à toutes les villes de l'intérieur. Dans le Sud Est les Arabes s'étaient installés en tribus, commandés par des emirs. Près d'eux, vers l'Ouest, étaient les Juifs.

Au point de vue religieux, le christianisme vivait à côté du judaïsme et de quelques restes de paganisme qui subsis taient encore dans les montagnes.

Les Romains depuis Dioclétien avaient ainsi divisé la Syrie : *Syrie I* ou *Cælésyrie*, capitale *Antióche*. *Syrie II* ou *Salutaire*, capitale *Apamée*. *Syrie d'Euphrate*, capi tale *Hiérapolis*. — *Phénicie maritime*, capitale *Tyr*.

<hr>

(1) Marquardt, *Organisation de l'Empire romain*, t II, p 380.

Phénicie ad Libanum, capitale *Émèse*. Villes principales :
Damas et *Palmyre* (1). La Palestine formait une *tétrar
chie* à part.

Alors comme aujourd'hui, la Syrie était d'un niveau de
civilisation inégal quoique très élevé.

Les sciences et les lettres florissaient non seulement dans
les colonies grecques, mais aussi parmi les Syriens, qui
avaient traduit en vers Homère (2).

L'agriculture était prospère. Pour les céréales c'était la
seconde province de l'empire. Les vins de Damas allaient
en Perse, ceux de Latakié, d'Ascalon, de Gaza, en Égypte,
en Abyssinie et jusque dans les Indes (3). La culture du
mûrier, introduite par Justinien le Grand, allait devenir
une source de richesse qui dure encore. Les ruines d'aque-
ducs et de travaux d'irrigation de toute sorte qui se trouvent
un peu partout, montrent l'intensité des travaux agricoles
d'alors.

L'industrie était encore plus prospère. On tissait le lin,
puis la soie qu'on teignait de pourpre : les fabriques de
Tyr, de *Beyrouth*, de *Latakié*, de *Djebaïl* (4), de *Sarfand*,
de *Tantoura* étaient célèbres, ainsi que les verreries de
Saïda et les teintureries de *Tyr*, avec l'orfèvrerie et la
métallurgie.

Dans les villes où s'élevaient dans tout le luxe oriental,
les palais, les théâtres, les cirques, la société était parvenue
à ce raffinement de civilisation de fin de peuples, qui les
détruit par la convoitise qu'il allume dans l'âme des nations
encore rudes. C'est cette civilisation entrevue par la caravane des Arabes au cours de leurs voyages, qui les fascina,
les tira de leur désert, et fit que, devenus maîtres, ils furent

(1) MARQUARDT, *loc cit.*, p. 333
(2) BAR HEBRÆUS, *Mohhtasar*, p. 41, éd. de Beyrouth
(3) Mgr J Drbs, *Hist. de la Syrie*, V, IV, p 143
(4) E Renan, *Mission de Phénicie*, p 154

vaincus à leur tour, et subirent l'influence de la domination qu'ils venaient de terrasser.

Les Arabes partagèrent la Syrie en six provinces : *Damas* où résidait le gouverneur général, *Homs*, *Kinnisrin*, *Al-Ordon* (le Jourdain), *Falastin* et le Littoral.

Près du gouverneur général. il y avait un *cadi* ou juge suprême.

La terre considérée théoriquement comme *la propriété indivise de la communauté*, fut partagée en deux parts, l'une au propriétaire et l'autre répartie entre les émirs, les guerriers et les fondations pieuses. L'*usufruit* en est cédé contre le paiement d'une redevance, le *kharadj*. Les propriétés impériales étaient confisquées au profit de la communauté ainsi que celles de ceux qui avaient disparu.

D'après le système de *la division par moitié*, l'église Saint Jean de Damas est partagée en deux et l'on vit longtemps Chrétiens et Musulmans y entrer, chacun de son côté pour y entendre les uns l'Évangile, les autres le Coran.

En outre du *kharadj* ou impôt foncier, les chrétiens payaient la *djazya* ou capitation, et les Musulmans la *zakat*, sorte de droit des pauvres. Le devoir de la *djazya* comportait le droit à la *liberté religieuse* et à la *protection de la personne* et de la *propriété*, c'est la *zimma* ou foi donnée, et de là le mot *zimmi* qui désigne les sujets non musulmans qui ont des *livres sacrés*, pour les autres, ils ne peuvent avoir droits ni protection. Aux premiers temps, on payait encore quelques *taxes en nature* : huile, froment, graisse, vinaigre, miel; on était tenu d'*héberger*, pendant trois jours, les Musulmans étrangers. Les femmes ne payaient point d'impôts.

Le célèbre jurisconsulte Mawardi donne ainsi une vue synthétique des obligations du *zimmi* ou chrétien allié :

Six obligations, dont les transgressions méritent la peine

de mort : le respect du Coran ; le respect du prophète ; le respect de l'Islam ; défense d'avoir des rapports avec les femmes musulmanes par mariage ou autrement ; défense de détourner les Musulmans de leurs croyances ; défense de prêter aide et secours aux ennemis.

Suivent six recommandations : Porter un vêtement distinctif, le *ghiar* et le *zennar* ; ne point avoir des maisons plus hautes que celles des Musulmans, ne point sonner les *nakous* « cloches », ni chanter à haute voix ; ne point boire de vin en public, ne pas montrer les croix et ne pas laisser voir les pourceaux ; ensevelir les morts en silence ; monter des mules et des ânes et jamais de chevaux de race noble.

Les institutions musulmanes subissent en Syrie une profonde évolution. Démocrate et presque socialiste, ainsi que toutes les sociétés à leur commencement, l'Islam entre avec Mou'awiya dans une phase nouvelle. Le Khalifat électif devient une monarchie héréditaire, l'organisation rudimentaire des premiers jours fait place à une bureaucratie calquée sur celle de Constantinople. Le manteau rapiécé (*Al Moraka'a*) du grand Omar est remplacé par la pourpre royale. Même à la mosquée, le Khalife est séparé du reste des croyants et son trône est entouré par des gardes, *haras*, et des chambellans, *hâdjeb*. Chassé des croyances, le paganisme reparaît dans les mœurs ; l'Arabie est de plus en plus dedaignée, et les Koreïchites, méprisés et persécutés. Ces tendances iront toujours en s'accentuant et, le jour où l'Arabie se révoltera, la ville sainte de la Mecque sera envahie et la Ka'ba à moitié détruite. Les khalifes Yézid et Al Walid combleront la mesure. Quand le premier aura expiré sur le cadavre de sa favorite, son fils percera le livre saint de flèches en disant : *Va te plaindre à ton Dieu !* et enverra l'une de ses compagnes de débauche, masquée, faire la prière publique à sa place.

Les Koreïchites prennent leur revanche, avec la dynastie
abasside; Bagdad remplace Damas ; la Syrie passe au second
plan et son rôle politique est terminé. Si elle se signale en
core, c'est par sa culture intellectuelle qui jette sur elle
comme un dernier reflet de sa gloire mourante.

Une grande partie des populations syriennes avaient em
brassé l'islamisme. Ce mouvement se trouva tellement
accentué que les Musulmans eux mêmes se virent obligés
de le ralentir, pour ne point rompre l'équilibre social basé
sur le labeur des non croyants, pendant que les croyants
allaient au loin étendre les conquêtes de l'Islam.

S'il en était ainsi dans les villes et dans les plaines, les
montagnes restèrent fermement attachées au christianisme.
Tous ceux qui voulaient garder leur indépendance ou leur
foi s'y réfugiaient. C'est là qu'ils se retranchèrent, se main
tinrent, se développèrent et restèrent comme un éternel
défi à la puissance des Khalifes.

Leurs principaux descendants sont les Maronites du
Liban. Groupés autour de leurs moines, obéissant à de
petits chefs, perdus dans leurs montagnes sauvages, ils
étaient agriculteurs par goût et soldats par nécessité. Leur
opiniâtreté broya les roches des hautes cimes, leurs sueurs
et leur sang les arrosèrent et les rendirent fécondes. Ils ne
parvinrent pas seulement à vivre et à sauver leur indépen
dance, ils se firent encore craindre et redouter (1). Mou'awiah
est forcé de conclure une trêve avec l'empereur de Constan
tinople pour arrêter leurs incursions (2), Abdal Malek ibn
Marwan, après lui, renouvelle la trêve, et l'empereur Justinien, pour lui donner une entière sécurité, exile en Arménie
une dizaine de mille de ces *rebelles* (3).

(1) ASSÉMANI, *Bibl. Orientalis*, p 501.   DAUWAIHI, *Hist. des Maronites*,
p 97.
(2) Mgr. J. Drus, *Hist. des Maronites*, p. 34.
(3) ASSÉMANI, *loc. cit* Cedrennus *Annales*, t. I, p. 440.

Ils gardèrent cependant cette attitude défiante, et le jour
où les Croisés débouchèrent dans la vallée de l'Oronte, ils
trouvèrent en eux des guides et des alliés.

Pour les Chrétiens comme pour les Musulmans, Jérusalem était la ville sainte, et les pèlerinages y affluaient. Petit
à petit avec la civilisation, la tolérance avait disparu. Les
croyants de deux cultes troublaient sans cesse la paix de la
tombe de Jésus, par le bruit de leurs luttes. Vint un jour
où les pèlerins de l'Occident se trouvèrent presque dans
l'impossibilité de parvenir au tombeau sacré. Un moine
conçut alors le hardi projet de conquérir par la force les
Saints Lieux asservis et sa parole remua les masses popu
laires et les jeta sur l'Orient. L'élan était donné et la lutte
se poursuivit pendant deux siècles.

Si les Croisades ont échoué en Orient, puisque le tombeau
du Christ resta finalement au pouvoir de l'Islam, elles ini
tièrent la société occidentale à la civilisation orientale, qui
fut alors développée et transformée par celle d'Occident.
Les croisés importèrent en Orient le régime féodal et le
léguèrent à leur départ aux chrétiens du Liban leurs alliés,
qui poursuivirent longtemps la lutte contre les vainqueurs.

L'empire des Abbassides était devenu trop vaste et com
mença par se démembrer. Les émirs ou gouverneurs se
proclamaient indépendants ou agissaient comme tels, vis à
vis des Khalifes devenus trop faibles pour imposer leur au
torité. La Syrie se trouva longtemps tiraillée par les in
fluences contraires de ces dynasties éphémères : Toulounides
(877 902); Hamadanites et Ikhchidites (944 1004); Fatimites
(909 1171); Mirdacites (1023-1079); Okaïlides et Seldjou
kides (1094-1117). Alors arrivent les Croisés (1096). Maîtres
près d'un siècle, après avoir couronné Godefroi de Bouillon
sur la tombe du Christ, ils sont définitivement abattus par
Saladin à la bataille de Hittin (1187).

Puis les Ayyoubites sont supplantés par les Mamelouks (1291) sur lesquels passent, sans les abattre, les invasions de Houlagou (1260) et de Timour (1400).

Enfin en 1517, le Sultan Sélim défait les Mamlouks à Mardj-ad Debbak et la Syrie reste depuis province turque, malgré l'aventure égyptienne de Méhémet Ali (1833 1840).

Ce fut longtemps, dans cette Syrie où l'Islam avait écrit l'une de ses plus belles pages, une sombre et sanglante épopée, et la civilisation s'effondra petit à petit et disparut. La terre redevint aride, les sciences s'éteignirent, les arts disparurent; la poésie, la littérature, le libre élan de la pensée, tout est entravé et asservi, et dès lors, le rôle de l'Islam est limité : il se cantonne dans ses controverses et dans ses querelles religieuses, murant lui même la porte de sa prison déjà si étroite, et il arrive à la période moderne, avec cette torpeur (1) qui le paralyse et le mène jusqu'au bord de la tombe.

L'expédition française d'Égypte vint tirer le monde musulman de son assoupissement.

Napoléon Bonaparte, ou, comme disent les Orientaux, Bounabardi, ignorant encore la fortune qui l'attendait, avait pensé à entrer au service du Grand Turc. Après la campagne d'Italie, il songea de nouveau à l'Orient; mais, cette fois, pour disputer le pouvoir à celui que d'abord il avait voulu servir. Peut être voulait il revenir d'Orient avec un prestige plus grand; peut-être aussi avait il l'idée de fonder un empire oriental. Leibnitz, dans un mémoire resté célèbre, avait proposé déjà à Louis XIV, la conquête de l'Égypte. Bonaparte voulut la réaliser. Une dizaine d'années plutôt, un voyageur français, Volney, était passé sur cette terre qu'on allait conquérir, et en avait rapporté des notes multiples et précieuses.

(1) Cf Kawakébi, *Omm al Kara*. M. Abdou : *l'Islam et le Christianisme*.

L'histoire de l'expédition de 1798 est connue. On a l'im
pression, en lisant le récit qu'en a fait un contemporain,
Djabarti, que les 30.000 Français amenés par Bonaparte ne
rencontrèrent pas de résistance vraiment sérieuse de la part
des Mamlouks.

Et Bonaparte s'efforçait d'attirer à lui les Musulmans.
Dans les proclamations ampoulées qu'il répandait parmi
eux, il se faisait gloire d'avoir détrôné le pape et abattu
la puissance de l'Église, il se donnait comme le défenseur
de l'Islam, qu'il aurait été disposé à adopter, lui et ses troupes. Seul, le général Menou donna suite au projet et voulut
se plier aux exigences d'une conversion.

Plus sérieuse et plus féconde a été l'œuvre de réforme
entreprise par Bonaparte en Égypte. Djabarti énumère ce
qui, dans cette œuvre, frappa le plus l'esprit des Orientaux :
l'emploi des ballons, la destruction des chiens, la construction d'une salle de spectacle et de moulins à vent, l'ouverture de boulevards et de places, la création d'une biblio
thèque publique, et, plus que tout le reste, l'introduction
d'une justice sévère, la même pour tous.

Dans cette œuvre, Bonaparte qui, visiblement, avait l'idée
d'un long séjour dans le pays, fut largement aidé par les
Syriens, qui lui facilitèrent la pénétration des masses musul
manes et l'encouragèrent à conquérir la Syrie. Il y vint. Les
Métwalis (1) par haine du pacha Djezzar, lui prêtèrent
leur concours pendant le siège de Saint-Jean-d'Acre. Les
Maronites ravitaillaient son armée; mais leur prince Béchir
Chéhab, qui craignait de se compromettre, lui fit une
réponse plus habile qu'encourageante. promettant de le
rejoindre une fois Saint Jean d'Acre pris (2). La peste con
traint Bonaparte à lever le siège. Il revient en Égypte, et de

(1) *A l Irfân*, vol. II, p. 330
(2) Jouplain, *la Question du Liban*. p. 160.

là en France, non sans avoir vivement frappé l'imagina
tion orientale, qui a fait de lui une sorte de demi dieu (1).

Au jour de sa grandeur, Napoléon n'oublia point le 1êve
de sa jeunesse, et voulut le faire servir à ses projets pour
atteindre son ennemie l'Angleterre dans ses possessions des
Indes. Il aurait cherché à nouer des relations avec l'Émir
Béchir, prince du Liban (2). Il envoya même en 1810, à
travers les tribus arabes de la Syrie et de la Mésopotamie,
un Piémontais nommé Lascaris de Vintimille, ancien che-
valier de Malte, qui, prenant le nom de 'Cheikh Ibrahim
El Cobreci, se mit en route avec un jeune Alépin, Fatḥallah
Sayëgh.

Partis d'Alep le 18 février 1810, ils ne devaient rentrer
que lorsque Napoléon était déjà tombé et dans son déses
poir le malheureux Lascaris alla mourir au Caire. Il portait
sur lui un passeport anglais et le Consul britannique s'au-
torisa de ce fait pour s'emparer de tous ses papiers.

Mais Fatḥallah Sayëgh avait écrit lui aussi son journal.
Lamartine, lors de son voyage en Syrie (1832 33), en entend
parler : il achète le manuscrit; de retour en France, il se fait
aider par des arabisants pour le traduire, et il le publie à la
suite de son voyage en Orient. L'original arabe fut déposé à
la Bibliothèque Nationale et s'y trouve encore sous le n° 2298
du fonds arabe. Il est d'une écriture assez malaisée èt d'un
style naïf et quasi vulgaire.

Lascaris énonce ainsi le plan de sa mission :

1° Partir de Paris pour Alep;

2° Y chercher un Arabe dévoué et me l'attacher comme
drogman;

3° Me perfectionner dans sa langue;

4° Aller à Palmyre;

(1) Cf. l'intéressant travail de M. Victor Chauvin. *la Légende napoléo
nienne en Egypte*
(2) Jouplain, *op cit.*, 161

5° Pénétrer parmi les Bédouins ;

6° En connaître tous les chefs et gagner leur amitié ;

7° Les réunir tous dans une même cause ;

8° Leur faire rompre tout pacte avec les Osmanlis ;

9° Reconnaître tout le désert, les haltes, les endroits où l'on trouve de l'eau et des pâturages jusqu'à la frontière de l'Inde ;

10° Revenir en Europe, sain et sauf, après avoir accompli ma mission.

Fathallah Saÿègh (1) donne une curieuse statistique des tribus arabes répandues dans le désert de Syrie et la Mésopotamie qu'il parcourut avec Lascaris. Étant ignorée, par ceux là même qui gouvernent ces régions, elle donne de l'intérêt et presque de l'actualité à cette nomenclature et à ces chiffres :

Al 'Ammour, 5oo tentes. Al-Hasné, 1.5oo. Wild'ali, 5.ooo. As Serhan, 1.2oo. - As Serdié, 1.8oo. — Bani Sakhr, 2.7oo. Al-Dawala, 5.ooo. — Al-Harba, 4.ooo. — As-Sawalema, 1.5oo. Al 'Olma, 1.4oo. Abdallah, 1.2oo. ˑ Ar-Refêcha, 8oo. Al-Vâleda, 1.6oo. — Al-Mefaoufah, 5.ooo. — Al Cherrada, 2.3oo. Al-Aschdjë'a, 2.ooo. As-Salka, 3.ooo. Al-Djemlèn, 1.2oo. Al Djahma, 1.5oo. Al Bla'ïs, 1.4oo. Al-Maslih, 2.ooo. — Al-Kherabba, 2.ooo. Al-Mahlak, 3.ooo. Al Meraïhat, 1.5oo. — Az Zikr, 8oo. — Al-Bachêkez, 5oo. — Al Chamsi, 1.ooo. — Al Fawa'er, 6oo. As-Salba, 8oo. Al Fidjan, 5.ooo. As Salka, 3.ooo. Al Masaïd, 3.5oo. — As Sab'a, 4.ooo. — Bani Wahab, 5.ooo. Al Fakkaka, 1.5oo. — Al-Djamamid, 1.5oo. As-Saghir, 2.3oo. Al Adjedjer, 8oo. — Al-Hazaël, 3.ooo. Bani Taï, 4.ooo. — Al-Hawaredj, 3.5oo. — Al Maazir, 6.ooo. Al-Birkaza, 1.3oo. Al Ne'aïm, 3oo. Bou Harba, 5oo.

Ce qui donne un total de 102.000 tentes. Fathallah compte

____

(1) Lamartine écrit à tort Savaghir.

dix personnes par tente, ce qui fait une population de
1.020.000. C'est une force formidable. Elle se mit un jour
en action sous la poussée wahabite et s'étendit sur toute
l'Arabie. Méhémet Ali l'abattit et elle rentra dans son immo
bilité, épuisant ses forces à se faire la guerre à elle même.

Bonaparte a semé en Égypte de grandes idées qu'il n'a pu
voir germer lui même et dont la France, après lui, n'a
point su profiter. L'Égypte moderne est née de l'expédition
de 1798; tout date de là, même la presse, et Méhémet Ali
n'a été que le continuateur de l'œuvre napoléonienne. La
vie de l'Égypte gagnera la Syrie. « Je suis venu délivrer la
nation druse, disait le général de l'armée révolutionnaire
à l'émir Béchir (1). » Ce choc de l'émancipation des peuples
ébranlera profondément l'Orient musulman et quand se
trouvera un homme comme Ibrahim Pacha, pour marcher
à sa tête, il marchera.

(1) De Testa, t. III Appendice

PREMIÈRE PARTIE

L'ÉVOLUTION

La Syrie d'autrefois et celle d'aujourd'hui ne se ressemblent plus guère : tout s'est transformé, les personnes et les choses.

Cette évolution ne s'est point produite brusquement par les hasards de la vie. Commencée depuis des siècles, longtemps sa marche fut lente. Mais lorsqu'un jour, elle ren contra des conditions favorables sur un terrain déjà pré paré, elle avança si rapidement qu'elle fit l'effet d'une brusque révélation.

L'école, c'est là la cause efficiente de l'ordre nouveau, et longtemps elle fut seule à la tâche.

Religieuse d'abord sous la tutelle des pontifes de Rome, elle se transporte en Syrie et provoque une première renais sance. De l'ordre religieux, la vie passe à l'ordre social et intellectuel.

Puis l'école étrangère entre en jeu, ainsi que l'impri merie, la presse, pour révéler au monde oriental encore assoupi les merveilles de la civilisation occidentale. De ce contact direct et plus puissant de jour en jour, sur le sol natal, comme sur les plages occidentales où le Syrien, d'accord avec ses traditions phéniciennes, ne craint point de s'aventurer, naissent des idées et des conceptions nou velles, suivies d'efforts et d'aspirations qui commencent à dessiner la physionomie de la Syrie future.

CHAPITRE PREMIER

LE MOUVEMENT INTELLECTUEL

I

LES ORIGINES

La France depuis les Croisades avait des regards pleins
de sollicitude pour le Liban, dernier boulevard du chris
tianisme refoulé. Les rois ne cessèrent d'accorder aide et
protection à ces vieux compagnons d'armes de Godefroi de
Bouillon, les Maronites, Louis IX (1), Louis XIV (2),
Louis XV (3), la grande République (4), Napoléon Ier (5),
Napoléon III, la troisième République continuèrent ces
traditions.

C'est du centre couvé par le regard maternel de la France
et veillé par la sollicitude des pontifes romains tels que
Léon X et Sixte Quint, que va sortir l'évolution qui tians-

(1) DE TESTA, t. III, p. 140.
(2) *Archives des Affaires étrangères*, t. XII, p. 5.
(3) DE TESTA, t. III, p. 141.
(4) *Archives des Affaires étrangères*, t. XI.
(5) DE TESTA, t II, p. 252.

formera la Syrie musulmane, pendant que se consommait la ruine des 3oo écoles d'Alep que vit fleurir le règne de Saladin.

Le Collège Maronite de Rome.

En 1513, le patriarche des Maronites, Sim'ân Al Hadati, voulant obtenir, selon l'habitude de ses prédécesseurs, la confirmation de son élection du pape, envoie s'informer auprès des Pères franciscains de Beyrouth du départ des voiliers pour l'Italie. Or, à l'arrivée du messager, le prêtre Pierre, un voilier se disposait à partir, et le père Marc, supérieur des Franciscains, le décide à se mettre en voyage et le munit de lettres au pape Léon X.

Le prêtre Pierre, arrivé à Rome et ne parlant point les langues européennes, ne put remplir sa mission et, rentré à Canoubin, résidence du patriarche des Maronites, il raconta sa mésaventure. Le Père Marc est mandé pour écrire à Rome tous les renseignements nécessaires. Le prêtre Pierre est plus heureux dans son second voyage, et rentre avec le *pallium* traditionnel et des lettres où le pape compare la nation maronite *à une rose parmi les épines*.

En 1516, un supérieur des Franciscains, devant rentrer en Italie, le patriarche maronite envoie avec lui à Rome un prêtre nommé Joseph et deux moines pour y apprendre le latin, afin de ne plus revoir la mésaventure du prêtre Pierre.

Ayant voulu examiner le missel du prêtre Joseph pour voir s'il était pur de toute hérésie, la cour romaine ne trouva à Rome qu'un nommé Latius Ambrosius, qui seul savait un peu de syriaque et d'hébreu, grâce à un juif et à un Maronite venu autrefois à Rome.

Ce prêtre Joseph fut le premier qui enseigna la langue syriaque en Europe.

En 1579, deux jeunes gens sont envoyés de nouveau à

Rome en compagnie du délégué du pape Jean Baptiste, quatre autres en 1581, dix en 1582, quatre en 1583.

Le nombre des élèves maronites parvint ainsi rapide ment à vingt et en 1584, le pape Grégoire XIII leur fonde un collège qu'il entretient lui même. Sixte Quint, son suc cesseur, alloue aux élèves maronites un revenu, et lorsque le cardinal Caraffa meurt, il laisse sa fortune à leur collège.

Ce fut là l'origine du Collège maronite qui subsista jus qu'au jour où l'armée révolutionnaire de la France prit Rome et le confisqua.

C'est par ses élèves que les sciences orientalistes sont inaugurées. Une pléiade de savants dont les travaux n'ont rien perdu de leur valeur jusqu'à ce jour, se répandirent en Europe et vulgarisèrent la connaissance des langues, de l'histoire, des religions et des institutions de l'Orient.

La découverte de l'imprimerie venait d'avoir lieu, le premier livre publié est la Bible en latin (1450). Cinq ans après paraît la première édition hébraïque à Ferrare.

Aussitôt nous voyons intervenir les élèves du Collège maronite. Ce sont d'abord des textes arabes, qui sont pu bliés, par exemple, la *Géographie* de Salhi (1584), la *Géographie* d'Edrisi (1501). Puis des traductions : en 1619, deux savants sortis de ce collège : Gabriel Sionite et Jean Hasrouni, publient la traduction latine d'Edrisi.

En 1596, G. Amira, autre élève du Collège maronite, publie sa Grammaire syriaque, la première de toute l'Europe (1). Voici les noms des principaux savants sortis du Collège maronite, qui travaillèrent en Europe :

Gabriel Sionite (2).

Djebraël As Sahyouni est né à Ehden vers 1577. Profes

---

(1) *Histoire des Maronites*, par Mgr J. Dibs.
(2) Son nom est gravé à l'entrée du Collège de France.

seur d'arabe et de syriaque au Collège de la Sapience à Rome, il est appelé par Louis XIII en France, pour profes ser au Collège de France et être son drogman (1614).

Il collabora à la Bible polyglotte, corrigea les versions arabes et syriaques après les avoir comparées et les traduisit en latin (1645). Il est encore mentionné dans l'édition polyglotte de Londres (1657). Il donna en outre une traduction des Psaumes d'arabe en latin éditée à Rome (1614), une Grammaire arabe, éditée à Paris (1616), une traduction de la *Géographie* d'Edrisi, éditée à Paris (1689), enfin une étude sur quelques villes de l'Orient, avec leurs religions, mœurs et caractère.

M. de la Roque, dans son *Voyage en Syrie et au Liban*, fixe la date de la mort de G. Sionite à 1648, à Paris.

Echellensis (1).

Ibrahim Al Heklèni, né à Hékel, de la province de Djebaïl au Liban, vint à Rome et, après y avoir fait ses études, il y professa l'arabe et le syriaque. Venu à Paris, il y fut nommé professeur au Collège de France en 1646, et mourut à Rome en 1664.

Après avoir collaboré à la Bible polyglotte avec Sionite, il publia à Paris en 1651 la traduction de l'*Histoire* d'Ibn Al-Raheb Al Misri, l'historien copte, suivie d'études sur l'histoire généalogique des Arabes. En 1628, il avait, déjà, publié à Rome une Grammaire syriaque. Sur la demande du Duc de Toscane, Ferdinand II, il traduit les Ve, VIe et VIIe livres du célèbre géomètre grec d'Alexandrie, Apollonius de Perge, de l'arabe en latin. En 1641, il publia à Paris le Précis sur l'histoire de la philosophie orientale. Une œuvre capitale au point de vue religieux fut sa traduction sur l'arabe des Actes du concile de Nicée.

(1) Également inscrit au Collège de France.

Il laissa 64 ouvrages. A sa mort ses livres furent remis à la bibliothèque du Vatican.

Faustus Naironius.

Mirhèdj ibn Namroun, né à Bâne au Liban vers 1630, vint à Rome près d'Echellensis, son oncle maternel, et ses études finies, il professa la langue syriaque au Collège de la Sapience, dans la chaire de son oncle. Il s'occupa de livres liturgiques des Maronites, et esquissa le premier, dans un opuscule latin, l'histoire des Maronites.

D'après M. de la Roque (1), qui était en correspondance avec lui, il serait mort en 1711.

Assémani (As Sim'ani).

Trois savants maronites sont connus sous ce nom, mais le plus célèbre et le plus fécond est Youssef Sim'ân As Sim'ani, né à Tripoli de Syrie, où ses parents de Hasroun (Liban) venaient passer la saison d'hiver, le 27 juillet 1687. Envoyé à 8 ans au Collège maronite, il y finit ses études et au moment où il se disposait à rentrer au Liban, il est chargé par le pape Clément XI, de dresser le catalogue des manuscrits orientaux envoyés à la bibliothèque du Vatican par un de ses parents, Elias As-Sim'ani. En 1710, il est nommé traducteur pour les ouvrages arabes, syriaques et chaldéens. En 1715, il est chargé d'aller collectionner des manuscrits orientaux en Syrie et en Égypte. Ce fut la matière de sa *Bibliotheca orientalis clementina vaticana*. Nommé second conservateur de la Bibliothèque vaticane, en 1730, par Clément XII, il en devient le directeur en même temps que Charles IV, roi de Naples et des Deux

(1) *Voyage*, t. II, p. 129.

Siciles, le nommait historiographe du royaume. Il mourut à Rome en 1768, le 31 décembre.

Le savant As-Sim'ani était doublé d'un fin littérateur. Il jouissait d'une autorité incontestable à Rome et d'une considération générale dans toute l'Europe. Il laissa de volumineux et nombreux ouvrages sur les matières les plus variées. Voici les principaux : *Bibliotheca orientalis*, comprenant le texte et la traduction de manuscrits orientaux (1719, Rome).

Œuvres de Saint Ephrem, traduites en latin en 3 vol. avec bibliographie, Rome, 1732 et 1747.

Grammaire grecque.

Oraisons funèbres de Frédéric-Auguste II, roi de Pologne, Rome, 1733, et *de Benoît XIII* (1732).

Discours sur le choix du pontife romain (1740).

Organisation et règlement de la bibliothèque du Vatican (1739).

Les *Historiens italiens*, avec notes sur le royaume de Naples et des Deux Siciles (1751), 4 vol.

Bibliothèque de droit oriental ecclésiastique et civil, 5 v. (1762-1769).

Une grande partie de ses ouvrages encore manuscrits fut détruite par un incendie. Deux sont des plus intéressants et les plus à regretter : 9 volumes sur l'histoire orientale, comprenant les Maronites, les Melchites, les Druses, les Nouçaïrié, les Musulmans, les Coptes, les Jacobites, les Abyssins, les Nestoriens et les Arméniens, et 9 autres volumes sur la Syrie ancienne et moderne.

Étienne Awad As-Sim'ani († 1782), neveu du précédent, s'est distingué surtout par ses travaux bibliographiques, notamment par son catalogue des manuscrits orientaux de la bibliothèque des Médicis à Florence, avec notices biographiques sur les auteurs. Il traduisit encore en latin Bar Hæbreus.

Youssef Louis As Sim'ani, autre neveu du grand As Sim'ani, professeur au Collège de la Sapience. Son principal ouvrage est le *Codex liturgicus*. Il laissa en outre de vo lumineuses traductions d'ouvrages religieux orientaux.

Un quatrième As Sim'ani, moins connu en Europe, est Sim'an, qui a laissé, outre un catalogue des manuscrits orientaux de la bibliothèque de Padoue, une *Histoire des Arabes* avant l'Islam, en latin.

L'École maronite de Ravenne.

Mansour Chalak, né à 'Akoural, vint étudier au collège de Rome et, ses études finies, resta en Europe. Il écrivit un ouvrage concernant l'Église et traduisit le Livre de Job, avec d'autres traités moins importants. Il avait acquis une grande fortune et, à sa mort (1635), il la légua à sa nation pour la fondation d'un collège à Ravenne. La fondation eut lieu en 1639, mais le collège dura peu. En 1664 il fut annexé au collège de Rome, où furent transférés ses élèves.

L'œuvre du Collège maronite de Rome fut surtout consi dérable en Orient. La barbarie du Nord envahissante, les guerres civiles avaient éteint les dernières lueurs de la civi lisation syro-arabe. C'est alors que nous voyons intervenir ces jeunes Libanais, qui, après avoir pris position parmi les savants de l'Europe, reviennent dans leur patrie pour y jeter les bases d'une société nouvelle. Auteurs, prédicateurs, maîtres d'école, nous les voyons partout semant les germes d'une civilisation qui ira sans cesse en se développant. En remontant aux origines, on les retrouve partout, ces obstinés travailleurs. Nous sommes dans l'anarchie d'une période de transition ; l'avenir se chargera de dégager les causes des effets, et l'on constatera alors tout ce que la

Syrie moderne doit au Liban, tout ce que le Liban doit aux Maronites, et tout ce que les Maronites doivent à leur clergé.

Les élèves de Rome ne s'occupèrent point exclusive ment des choses religieuses. Nous voyons l'un d'entre eux, Girgès 'Amirat, devenu patriarche, après avoir publié en Europe une Grammaire syriaque, composer, à la demande du prince Fakhr addin, le célèbre Fakardin, un traité d'ar chitecture.

Un précurseur.

En 1494, un Maronite, *Djebraël El Kala'i*, qui était entré dans l'ordre des Franciscains, après être rentré au Liban, sa patrie, était allé se fixer à Chypre. Il en devient évêque et inaugure, par ses chants populaires, la série des œuvres historiques des Maronites († 1516).

Douwaïhi.

L'œuvre la plus considérable est celle de *Douwaïhi*. Né en 1633, à Ehden, d'une famille encore connue jusqu'à nos jours, il est envoyé à Rome en 1641, pour la quitter en 1655. Et alors il parcourt le Liban en tout sens pour y répandre l'instruction et sauver de la destruction les restes de l'érudition orientale. Chose curieuse pour l'époque, il crée l'école gratuite et obligatoire pour le peuple, et plus tard, devenu évêque, puis patriarche, il emploie toute son autorité pour l'appliquer et la généraliser. Les écoles pri maires des curés, sous le chêne du village, datent de lui.

Il était éloquent et d'une puissance d'organisation remar quable, laissant partout des traces de son passage par les œuvres qu'il crée. A son arrivée il fonde une école à Ehden. Envoyé à Alep en 1662, il y passe six ans et y laisse une école, qui va devenir par la suite le foyer d'où rayonneront sur toute la Syrie, les reflets de la première renaissance.

Évêque en 1668, il est élu patriarche en 1670 Il avait déjà écrit un ouvrage en deux volumes sur l'éloquence de la chaire, et il va poursuivre la longue série de ses œuvres. En dehors des importants ouvrages sur la réorganisation religieuse, il a laissé une *Histoire des Maronites* et une *His toire générale de l'apparition de l'islamisme à son époque,* où l'histoire des Croisades est étudiée longuement. Il mourut en 1704.

La première école maronite du Liban est celle de N. D. de Hauka, fondée en 1624.

Mais celle qui eut la plus grande influence fut fondée à Alep. Nous avons vu déjà Douwaïhi en jeter les bases. De venu patriarche, il l'entoure de soins tout particuliers. Un élève du collège de Rome y est envoyé en 1685, c'est le prêtre Boutros Touléwi. Pour bien comprendre l'influence de cette école, il est nécessaire de jeter un regard sur ce qu'avait été Alep.

Sous les Hamadanites, cette ville avait connu une bril lante période littéraire. A l'époque de Saladin, elle comptait plus de 300 écoles publiques. C'est là que mourut le célèbre Yakout. Par suite des invasions, les savants et litté rateurs s'étaient enfuis en Égypte et dans le Maghreb. Cependant il était resté quelques vestiges de l'ancienne culture littéraire. Elle consistait dans quelque connais sance des choses religieuses et de la langue arabe. La maî trise de la langue avait jusque-là manqué aux écrivains ma ronites, la culture littéraire leur faisait défaut, et c'est ce que les écrivains d'Alep ont apporté. Ils furent les pre miers à écrire brillamment et à s'imposer à l'attention des Musulmans. Avec eux commence la renaissance littéraire dans le monde chrétien, renaissance qui va renouveler cette littérature et créer, avec les Chidiac, les Boustani, les

Yazidji, la littérature moderne et son plus grand organe, la presse.

Déjà, avant cette école, des travaux avaient été faits, mais dans le domaine religieux. Malatios Karmé, évêque grec-catholique, avait écrit des livres liturgiques. Le patriarche Macaire Za'im avait écrit l'histoire du patriarcat d'Antioche, une Histoire générale allant de la création à Constantin, et une relation de voyage dans l'Europe orientale (1652 55), écrite par son fils, publiée à Londres et à Saint Pétersbourg. Mais ce sont des travaux sans importance dans l'histoire de la renaissance, dont la paternité revient de droit à Germanos Farhat, évêque maronite d'Alep.

Germanos Farhat.

Né à Alep en 1670, Gabriel Farhat, qui prit le nom de Germanos en devenant évêque, apprit le latin et l'italien à l'école maronite par les soins de Boutros Touléwi, l'arabe près d'un cheikh musulman, Souleïman An Nahawi. Un autre cheikh maronite, Ya'koub Dibsi, originaire de Tripoli, lui donna des études sur la littérature arabe. Avec cette culture soignée, il s'occupa d'abord de commerce, puis il quitta Alep avec deux de ses camarades et vint au Liban fonder un ordre religieux. Ainsi séparé de tout, il se mit à écrire. Poète, ses poésies suaves respirent le parfum des grandes solitudes; linguiste, son dictionnaire et sa grammaire rendent la langue accessible à la masse, en lui donnant la méthode, la simplicité et la clarté; littérateur, il explore toutes les parties du domaine littéraire et laisse des études, qui restent encore les meilleurs livres classiques que nous ayons. Longtemps supérieur de son ordre, il vient à ce propos à Rome, pour y organiser l'école des moines, fondée près du Collège maronite en 1708. Évêque en 1725, il va siéger à Alep et donne une forte impulsion aux études,

qui font longtemps de sa ville natale la capitale intellectuelle de la Syrie. Il y réunit une remarquable bibliothèque,
où sont conservés de précieux manuscrits; et à sa mort
(1732) il laisse plus de 104 ouvrages, dont la plupart en plu
sieurs volumes.

Nicolas Sayegh.

Un autre poète et littérateur, ami d'enfance de Farhat et
son camarade d'école, est le prêtre grec catholique Nicolas
Sayegh. Né à Alep, en 1692, de la famille Sayegh qui se distingua depuis par son instruction, il vint lui aussi au Liban
en 1716 et se fit moine. Il mourut en 1756, laissant des
poésies, qui eurent une grande popularité.

Abdallah Zakher, dont parle Volney (1), est de cette
époque et nous le retrouverons en parlant de l'imprimerie.

Collège maronite d'Antoura.

Un négociant français, qui était venu à Saïda pour son
commerce, entre dans la Société de Jésus et est envoyé par
ses supérieurs en Syrie avec un autre missionnaire. Une
tempête les jette sur la côte maronite du Liban. Pris pour
des corsaires, les deux missionnaires sont amenés à Cheikh
Abou-Naufel Al Kazen, qui les reçoit avec beaucoup d'égards
et leur donne une résidence dans un de ses villages, à An
toura, leur construit une maison et une église, et ils s'y
fixent.

Or, un prêtre maronite, élève du Collège de Rome, Bou
tros Moubarak, était rentré au Liban avec une assez grande
fortune. Né à Gosta en 1660, il s'était distingué en Europe,
après ses études, par la connaissance de sept langues: l'arabe,
le syriaque, le latin, l'hébreu, le grec, l'italien et le fran

(1) Volney n'a eu des choses syriennes qu'une connaissance fort superfi
cielle. Il a ignoré ce mouvement que nous étudions.

çais, et par ses travaux d'érudition et de traduction. Vou
lant faire servir sa fortune à l'extension de l'instruction,
il alla fonder un collège à Antoura, près du couvent des
Jésuites, et leur en donna la direction (1734). Il se fit lui
même jésuite et mourut en 1742.

Ce collège resta sous la direction des Jésuites jusqu'à
leur suppression en 1773; le patriarche maronite Youssef
Stephan s'en occupa jusqu'en 1783, où une bulle du pape
Pie VI, en date du 22 novembre, et un ordre de Louis XVI,
du 21 décembre, allouaient aux Lazaristes les biens des
Jésuites

En 1792, les Lazaristes qui s'étaient installés à la place
des Jésuites, demandèrent à avoir le collège d'Antoura et à
prendre possession des sommes déposées en son nom dans
une banque de Paris. Le patriarche maronite leur demanda
à signer les mêmes engagements que leurs devanciers, et
sur leur refus, le collège d'Antoura resta entre les mains du
patriarche et le couvent seul des Jésuites leur fut livré. Ce
vieux collège maronite d'Antoura subsiste encore près du
collège actuel des Lazaristes et se trouve sous la direction
des missionnaires maronites dits *Kreïmistes*.

Ce ne fut qu'en 1834 que l'ancien couvent des Jésuites
fut transformé par les Lazaristes en collège.

Collège de Zgharta.

Fondé un an après celui d'Antoura (1735), ce collège est
dû à un autre élève du Collège maronite de Rome, Girgis
ibn Sarkis 'Abaïd Binyammin. Devenu évêque, il fonde
un collège à Zgharta et en donne la direction aux Jésuites.
Il se fait Jésuite lui même et vient au collège de Rome
s'occuper de l'instruction professionnelle de ses élèves. A
la suppression des Jésuites, en 1773, ce collège fut remis
au clergé maronite.

Collège de 'Aïn Warha (1789).

Ce collège fut, en Syrie, ce que le Collège de Rome fut en Europe.

En 1690, le prêtre Khaïrallah Stephan fonde un couvent à 'Aïn Warka. Devenu évêque il y siège ainsi que plusieurs de ses successeurs. Par la suite, il devient une retraite de religieuses, jusqu'au jour où l'on sentit le besoin d'avoir un grand collège au Liban même. Dans une lettre qu'adresse un notable maronite, Gandour Al-Saad, alors consul de France à Beyrouth, à son patriarche, il lui dit : Qu'importe à la nation si huit religieuses d''Aïn Warka s'en vont au ciel, lorsqu'elle n'a pas un grand collège pour instruire la jeunesse ?... Ce fut là l'origine d''Aïn-Warka, qui est converti en grand collège en 1789.

C'est de ce collège qui subsiste encore, et où la culture littéraire arabe est fort soignée et menée de pair avec les sciences et la philosophie, que vont sortir les hommes qui ont été les pères de la renaissance moderne comme les Chidiac, les Boustani, les Dahdah et plusieurs membres du clergé maronite, qui laissèrent, comme Mgr Debs, de si nombreux ouvrages.

Au début du dix-neuvième siècle, les Maronites possèdent plusieurs écoles de moindre importance :

L'école de Kfarhaï, 1812.

L'école de Roumyet, 1818.

L'école de Sarba, 1828.

L'école de Mar 'Abda, 1831.

L'école de Rayfoun, 1831.

Collège d'Antoura.

A cette époque seulement, entrent en jeu les écoles étrangères.

Nous avons assisté plus haut à la fondation du collège maronite dirigé par les Jésuites, et nous avons vu le couvent seul passer aux mains des Lazaristes. En 1834, Antoura inaugura l'enseignement français. Pour bien se rendre compte de son influence sur la diffusion de la culture française, il faut jeter un regard sur le passé.

Et d'abord il est nécessaire d'établir une distinction bien nette entre l'influence française et la culture française : ce sont deux choses absolument distinctes et dont l'une n'a point été, historiquement parlant, la conséquence de l'autre, ni son complément indispensable. L'influence française a existé pendant des siècles sans la culture française et si la culture française s'est répandue si vite en Syrie, c'est grâce à cette influence et à une analogie de caractère qu'on aura l'occasion de constater. Le fait est qu'avant la fondation du collège d'Antoura, la langue étrangère vivante était l'italien. Et cela pour deux causes : d'abord les relations commerciales des républiques italiennes qui avaient beaucoup de comptoirs en Syrie, ensuite à cause de la jeunesse maronite élevée en Italie, et qui, de retour, répandait la connaissance de l'italien. Cette longue influence de l'italien a laissé ses traces dans la langue arabe par les mots qui sont passés dans son vocabulaire. Presque tous nos mots empruntés aux langues étrangères revêtent la forme italienne, même de nos jours. Il est vrai que la forme italienne, en harmonie avec l'arabe, y est pour quelque chose, mais alors, pourquoi n'aurait-on pas plutôt choisi l'espagnol encore plus ressemblant, n'étaient les raisons données ?

La langue scientifique était le latin, et toutes les œuvres d'érudition des savants maronites de cette époque sont dans cette langue. L'influence française était due à des traditions anciennes, à la protection constante et vigilante que les rois de France, notamment Louis IX, Louis XIV,

Louis XV et Louis XVI, ont accordée aux Maronites. Les rois de France prenaient encore des Maronites des grandes familles, comme les Khazen, les Saad, pour les représenter en Orient. Ils les traitaient avec beaucoup d'égards et ces échanges de bons procédés ont créé cet attachement de si longue et de si constante durée.

Antoura fut le premier à répandre en Orient la langue et avec elle la culture française. Il fut aussi la première institution *laïque*, en ce sens qu'elle est destinée à élever des laïques sans intention de propagande religieuse. D'abord restreinte aux enfants des familles consulaires françaises de Syrie, il ne tarda pas à élargir ses cadres. En 1836, il acquiert une maison d'été à Rayfoun. Il fut important au point de vue français en ce sens qu'il prêcha d'exemple et incita les autres établissements, tant étrangers qu'indigènes, à suivre son exemple. Il fut important au point de vue syrien pour avoir doté la Syrie d'une génération d'hommes, éclairée, tolérante, qui a rendu de grands services à sa patrie.

Collège Jésuite de Gazir (1844-75).

Les Jésuites firent de nouveau leur apparition en Syrie, dans l'instruction, en 1844, à Gazir. Ils achètent pour la somme de 200.000 piastres (environ 40.000 francs) le palais de l'Émir Hasan Chéhab, frère du célèbre Émir Béchir. Ils le restaurent et en font un collège, qui est transféré à Beyrouth en 1875. Les locaux sont loués au Gouvernement libanais et Rustem Pacha, alors gouverneur, vient s'y installer du 15 octobre 1875 à fin septembre 1876. Plusieurs hommes éminents ont été élevés dans ce collège et se sont distingués tant dans le haut clergé, que dans la société civile.

Collège d''Abeih (1846).

La Mission américaine de l'Église presbytérienne, venue à Beyrouth en 1821, débuta dans l'instruction à 'Abeih avec le grand C. Van Dyck. Si jamais étranger mérita de la patrie syrienne, ce fut sans conteste cet homme-là. C'est sa grande figure qui donna sa popularité à la Mission améri caine. Né en 1818 dans l'État de New York, mais d'origine hollandaise, il vint à Beyrouth en 1840 comme médecin de la mission. Son professeur d'arabe fut le célèbre Boutros Boustani, élève d''Aïn Warka, que nous aurons encore occa sion de revoir. En 1846, Van Dyck fonde à 'Abeih, une école en collaboration avec Boustani. Ayant quitté 'Abeih pour Saïda, il est obligé de rentrer à Beyrouth pour com pléter l'œuvre de M. Smith qui avait entrepris la traduction de la Bible. Il va à New York pour s'occuper de la publica tion de cette traduction et ne rentre à Beyrouth qu'en 1876, époque de la fondation de l'Université américaine. C'est là surtout qu'a commencé sa grande œuvre scientifique et médicale qui fut, hélas ! interrompue à son heure la plus brillante pour des raisons que nous ne pouvons que dé plorer. Il mourut en 1895, regretté des Syriens de toutes les races et de toutes les confessions.

Traditions littéraires familiales.

Pour compléter ce trop court aperçu des origines pédagogiques de la Syrie moderne, nous sommes obligés de mentionner encore deux sources d'instruction : les diwans ou bureaux de princes et gouverneurs et certaines familles qui se sont distinguées par leur culture, et accaparaient jus tement les bureaux des puissants.

Le fameux Djezzar Pacha avait son diwan à 'Akka (Saint

Jean-d'Acre); plus d'un littérateur s'y trouva employé et paya bien cher un si redoutable honneur. Nous citons seulement le cas de Mikhaël Bahri qui eut le nez et les oreilles coupés pour prix de ses services († 1803).

Les Sabbagh, les Saboundji, les Nahḥas, les Sakroudj, les 'Aoura, les Eddés se rencontrèrent tous au diwan de Djezzar.

L'Émir Béchir Chéhab avait aussi sa cour au Liban, où les littérateurs étaient les maîtres. Les poètes Boutros Kéramé, N. Al Turk, Amin Al Gindi y brillèrent avec les Yazidji et les littérateurs de passage. Les Baz et les Nadjdjar ainsi que les Daḥdaḥ se distinguèrent par leurs talents administratifs.

La famille El Saad a fait plus que de cultiver les lettres, elle les a protégées et encouragées. Le collège de 'Aïn Trez (1811) des grecs catholiques est une de leurs anciennes résidences.

Bien avant déjà le diwan de Daher, Al 'Omari avait brillé à Damas, mais Al 'Omari finit tristement et son principal *kateb* (secrétaire), Ibrahim Sabbagh, alla expier au bout du mât du vaisseau où il fut pendu, sa fidélité à son maître infortuné (1776).

APRÈS 1860

Boutros Al Boustani.

A l'entrée de cette période se dresse la grande figure de Boutros Al Boustani.

Né en 1819 dans un petit village du Liban, Ad-Dobbié, il apprit à lire auprès du curé Mikhaël Al Boustani, puis fut envoyé à Aïn Warka où il étudia, outre les sciences et les mathématiques, l'arabe, le syriaque, l'italien et le latin, avec la philosophie scolastique et la théologie. On lui proposa de l'envoyer au Collège maronite de Rome, mais sa mère s'y opposa, ne pouvant se résigner à le voir s'en aller, lui son seul soutien, et il resta à Aïn Warka comme professeur jusqu'en 1840. Il avait appris l'anglais entre temps. Quand la flotte des alliés vint bombarder Beyrouth, il fut employé comme drogman. Il fit à cette occasion la connaissance des missionnaires américains, devint protestant, par complaisance, et leur fit plusieurs traductions arabes. Il passa deux ans au collège d'Abeih où il composa son *Manuel d'arithmétique* (Kachf al hidjab) qui reste encore le livre classique le plus répandu. Rentré à Beyrouth, il est nommé drogman du consulat d'Amérique. Alors commence pour lui une période pleine d'activité, où il se distingue comme prédicateur, auteur et traducteur. Son grand dictionnaire, *Mouḥit al Mouḥit*, qui date de cette époque, est remarquable par sa méthode, sa clarté, et le soin donné aux mots nouveaux, populaires ou qui ont changé d'acception.

En 1860, Boutros Al Boustani publie un journal intitulé : *Nafir Sourya* (Le clairon de la Syrie). En 1863, il fonde son école nationale, dirigée par son fils Sélim, déjà aussi connu que son père. Ce fut le point de départ d'une vie nouvelle, dont la ville de Beyrouth va être le théâtre. Elle dura jusqu'en 1875 et donna beaucoup d'hommes éminents à la Syrie.

En 1870, il fonde une revue scientifique, politique et littéraire, *Al Djenân*, dont il donna la direction à son fils Sélim. Puis il fit paraître un journal politique, *Al Djanna*. Un autre journal quotidien, *Al Djenaïna*, est également lancé sous la direction de son cousin Souleïmân Al-Boustani, député de Beyrouth au Parlement turc en 1908, et actuelle ment sénateur. Par toutes ces publications, les Boustani inaugurent en Syrie la vie politique. Un courant de libéralisme intense s'y développe, et lorsqu'en 1879 Midhat Pacha, le martyr de la première révolution turque, y arrive comme Gouverneur, il trouve un terrain tout préparé.

A la fermeture de l'École nationale, en 1875, Al Boustani conçoit un projet gigantesque, celui de réunir, dans un seul ouvrage, l'ensemble des connaissances humaines, surtout en ce qui concerne le monde oriental. Une grande Encyclo pédie arabe, c'était fort beau, mais que de difficultés, et cependant, Al-Boustani se met à l'œuvre, avec une ardeur admirable. Il devait mourir à la tâche et il ne put donner que six volumes. Son fils Sélim, le collaborateur de toutes ses œuvres, s'attelle à la tâche après lui, et donne deux vo lumes ; sa fin prématurée vient encore arrêter l'entreprise ; ses frères, en collaboration avec leur cousin Souleïmân, font paraître encore trois volumes, et la grande Encyclo pédie en est déjà à son onzième volume.

Boutros Al Boustani mourut subitement en 1883. Ce fut un deuil national pour toute la Syrie.

Al Boustani a joui d'une grande autorité morale pendant sa vie et. après sa mort, d'une grande considération. Il représenta la science éclairée, le travail opiniâtre, l'honnêteté, le patriotisme Sa revue *Al Djenân*, avait pour devise : « L'amour de la patrie est un article de foi ». Nul plus que lui et mieux que lui ne représenta ce patriotisme destiné un jour à fusionner la masse hétérogène de la Syrie et à la rendre une dans sa variété. Il fut le propagateur de l'instruction par excellence, par sa parole, ses actes, ses ouvrages et son exemple. A lui revient encore l'honneur d'avoir, le premier, fait entendre une voix en faveur de la femme, afin de réclamer pour elle les bienfaits de l'instruction. Élevé dans les traditions des savants maronites, il les garda toute sa vie, malgré toutes ses relations avec les protestants ; il resta fortement dévoué à son sol natal et à tout ce qui s'y rattache, universellement aimé et respecté de tous.

Nasif Al Yazidji (1800-1871).

A côté de Boustani se place Nasif Al-Yazidji. Il n'eut point son influence sociale, mais la langue arabe lui doit beaucoup. Ses travaux linguistiques contribuèrent considérablement à la renaissance littéraire. Ce fut un classique hors ligne de la vieille école arabe. Il imita et surpassa parfois les anciens, dans toutes les branches du savoir autrefois cultivées.

Né à Kfarchima en 1800, il apprit à lire auprès du curé Matta de Beit Chebab. Son père, qui était médecin, compléta son instruction, mais Yazidji doit peu à son éducation, et tout à son effort personnel. S'étant fait distinguer par ses poésies, il fut appelé à la cour de l'Émir Bechir Chéhab, à

Beït ad-Din, où il resta jusqu'en 1840, époque à laquelle son maître fut éloigné. Il vint se fixer alors à Beyrouth, avec sa famille, et y commença la longue série de ses ouvrages classiques et littéraires. C'était un retour aux anciennes tra ditions. Il y dépensa une force considérable et fit preuve d'une habileté, d'un génie rares, donnant une forte impul sion à la littérature qu'il vulgarisa. Mais les questions so ciales et modernes lui restèrent assez étrangères. Ce fut à ses fils et notamment à Cheikh Ibrahim, de combler cette lacune. Yazidji fut le maître, le poète d'antan. A le lire, on le croirait avoir vécu sur les rives du Tigre et de l'Euphrate ou dans la splendide cité de Damas au temps des Khalifes. C'est une reconstitution de cette époque, et l'on croirait entendre les antiques chameliers poètes chantant pour rompre la monotonie des longues routes du désert. En vogue chez les amateurs de l'ancienne littérature, sa renommée s'étendit dans tous les pays où l'arabe est parlé. Il eut en linguistique une autorité incontestée, même dans le monde musulman. Plusieurs de ses ouvrages sont restés classiques.

Vivant en vrai patriarche, il eut comme eux, un grand nombre d'enfants, douze en tout, dont Cheikh Ibrahim et la poétesse Warda, non moins connus que leur père. Habib, le préféré du Cheikh, mourut en 1871 et entraîna dans sa tombe son père qui expira aussitôt de regret. En 1869, il avait été atteint d'une hémiplégie qui lui rendait la parole fort difficile, et la douleur l'acheva.

En 1866, il était entré comme professeur dans le collège patriarcal qui venait d'être fondé par un de ses anciens élèves, et son fils Halil l'y remplaça après sa mort.

Le Collège Patriarcal (1866).

Son fondateur est le prêtre grec-catholique Girgis 'Isa. Né dans la *Mou'allaka* de Zahlé au Liban en 1827, il entra dans l'ordre religieux du Couvent de Mar Hanna As Sabegh à Choueïr, là où Volney avait passé huit mois en 1784, pour apprendre l'arabe. Il apprit la littérature arabe près du Cheikh Naṣif Al-Yazıdji. Ordonné prêtre en 1857, il est nommé juge des chrétiens en 1859 à l'époque de l'Émir Béchir Ahmed Al-Lam'. En 1861, il fait un voyage en Irlande et rentre en 1865 en Syrie où il s'occupe de la fondation du Collège patriarcal.

Après avoir couronné son œuvre et assisté à son triomphe, il se retira dans son ancien couvent de Choueïr et ne rentra à Beyrouth que pour mourir, victime de son zèle, en por tant le secours de son ministère aux malheureux atteints du choléra dans l'épidémie de 1875. Ce fut une fin digne du fondateur de l'œuvre qui eut une si heureuse influence dans la dernière phase de la renaissance syrienne.

L'action du Collège patriarcal a été et reste encore consirable. Il eut pour premiers professeurs Cheikh Naṣif Al Yazidji, Cheikh Mohyi d-Dine Al Baki, Chedid Bey Habeiche, naguère consul de Turquie à Paris, Sélim Takla Pacha. élève de Boustani et fondateur du *Journal des Pyramides*, le premier de l'Égypte; Djeraïdjiri, qui devint patriarche des Grecs catholiques.

Monseigneur Debs et le Collège de la Sagesse (1875).

Le Collège de la Sagesse est le troisième collège de Beyrouth qui, avec le Collège Boustani et le Collège patriarcal, répan dirent en Syrie l'enseignement national. Il fut le premier des écoles indigènes à rendre le français obligatoire. Il fit plus, il en fit la base de tout l'enseignement. Ce fut une exa gération qu'il est facile de comprendre en pensant au rôle éclatant que la France venait de jouer en 1860.

Le fondateur de ce collège est Mgr J. Debs. Youssef fils d'Elias, fils d'Youhanna Al Debs, est né à Kfarzaina le 8 oc tobre 1833. Il apprit à lire l'arabe et le syriaque à l'école

du village. En 1847, il entrait au célèbre collège d'Aïn-
Warka, pour le quitter en 1850 après avoir appris l'italien
et le latin avec la littérature arabe et syriaque et une partie
des sciences théologiques et philosophiques. Il fonde, de
1851 à 1852, une petite école à Tripoli, puis, sur la demande
de son évêque, il traduit l'ouvrage de Ligori sur les hérésies.
Il le publie en 1854, à Tamiche. Il avait 21 ans. En 1855, il
est professeur au collège de Mar Hanna Maroun à Kfarhaï.
En 1869, il est secrétaire du patriarche maronite, Mgr Bou
los Mas'ad. En 1867, il l'accompagne dans son voyage en
Europe. Il est présenté à Pie IX à Rome, à Napoléon III
et au Sultan Abdul-Aziz. Il a publié la relation de ce voyage
sous le titre arabe de *Sifr al Akhbâr fî Safar al Ahbâr*. Le
11 février 1872, il est sacré archevêque de Beyrouth. Il avait
déjà publié plus d'un ouvrage sur la théologie, la philosophie, l'histoire, la littérature, mais c'est à partir de son épi-
scopat que commence sa période féconde. Outre les tra
vaux du ministère, il entreprend la publication des livres
liturgiques qu'il revoit et corrige, il publie plusieurs volumes
de sermons, il acquiert une imprimerie, il fonde deux jour
naux : *Al Falâh* et *Al-Misbah*. Il fonde le Collège de la
Sagesse et y fait l'essai d'une académie arabe, qui, pour
n'avoir pas réussi, n'en reste pas moins un bon exemple à
suivre. En 1875, il fait un second voyage en Europe, revoit
Pie IX à Rome et visite le maréchal de Mac-Mahon, président de la République Française. En 1886, nouveau voyage
en Europe.

Il mourut en 1907 à Beyrouth, laissant après lui, outre
de grandioses monuments, comme la cathédrale maronite
de Saint Georges et l'église de Saint Élie, vingt deux ouvrages de sa composition, et treize publications faites par
ses soins après les avoir corrigées. Son œuvre capitale est sa
grande Histoire de la Syrie, depuis les origines jusqu'à nos
jours, en neuf volumes

La popularité de Mgr Debs est considérable dans tout

l'Orient. Il a une place à part dans la nation maronite, dont il s'était fait l'historien et le défenseur. Il a continué les traditions des savants maronites du dix-huitième siècle, en y ajoutant les talents d'organisateur et d'homme d'action, et se distinguant surtout par sa tolérance, son libéralisme sincère et éclairé, aima sincèrement la jeunesse, et lui consacra le meilleur de son temps. Il fut l'un des premiers à entrevoir, dans un rêve lointain, une Syrie *une* et *unifiée*, et sa grande Histoire poursuivie malgré les faiblesses de l'âge et des maladies cruelles n'est que l'incarnation de ce grand rêve. Son collège fit faire à l'œuvre de fusion un grand pas, par la génération d'hommes éminents qu'elle donna, et qui appartient à toutes les religions. Sous sa direction, tous les cultes étaient respectés et librement exercés, et ses anciens élèves non chrétiens sont les meilleurs amis du christianisme et de la civilisation.

Université des Jésuites (1875).

Les R. P. Jésuites que nous avons vus s'installer à Gazir, transportèrent à Beyrouth leur Collège pour l'agrandir et en faire une Université. La pose de la première pierre eut lieu le 24 mai 1874, par Mgr Debs. Le directeur était alors le Père Monnot et l'architecte le P. François-Xavier Pailloux. L'inauguration eut lieu le 3 octobre 1875 et le 25 décembre de la même année fut achevée la magnifique chapelle gothique de l'établissement.

Depuis, l'œuvre s'est agrandie et est devenue colossale. La Faculté de médecine, la grande imprimerie à vapeur, la Faculté d'études orientales, le journal *Al Bachir*, la revue *Al-Machriq*, sont venus l'appuyer et l'entourer d'un prestige qui a eu son influence en Syrie, qui a été un facteur puissant dans la renaissance moderne. L'œuvre est restée avant tout *jésuite*, puis *catholique*. C'est un titre de

gloire ou un blâme suivant le point de vue où l'on se pose.
C'est trop dire que d'affirmer avec M. Kurd 'Ali, dans le
Mohtabas,que cette œuvre n'a point servi la cause syrienne.
Nombre de Syriens éminents sont entrés dans la compa
gnie de Jésus, et tout en conservant leur idéal religieux, ont
aimé et aiment encore sincèrement leur patrie, et on ne voit
pas au nom de quoi on peut leur refuser leur part de collaboration pour la cause commune et méconnaître leur
œuvre. Les Eddé, les Cheikho, les Ma'louf, les Salhani,
peuvent réclamer à bon droit leur place dans la pléiade des
savants et des écrivains syriens les plus éminents. D'autres,
quoique étrangers d'origine, comme les Ronzevalle, les
Martin, ont apporté une grosse part au patrimoine scienti
fique syrien. Comment ne point reconnaître tout le mérite
d'œuvres aussi sérieuses, aussi scientifiques que celles du
Père H. Lammens? Il serait injuste de méconnaître le rôle
des R. P. Jésuites. S'ils ont un idéal religieux, comme
nous avons, nous, un idéal laïque, nous ne pouvons con
tester l'importance de leurs efforts, tout en nous opposant
à ce qui, chez eux, gêne la libre manifestation de nos
pensées et de nos aspirations nationales.

Si les Jésuites sont conservateurs et dogmatistes au point
de vue religieux (et comment pourraient ils être autrement?), s'ils répandent une instruction qui n'étant pas en
parfaite harmonie avec nos besoins, fait des déclassés, s'ils
poussent par là à l'émigration, il faut leur rendre encore
cette justice d'avoir été, en politique, du côté de la liberté,
d'avoir créé, dans leur milieu, une atmosphère indépen
dante malgré la lourde pression qui s'exerçait partout.
Même au point de vue de la liberté sociale, ils ont rendu des
services, et une bonne partie du mouvement régénérateur
et démocratique vient de leur côté.

La Faculté américaine (1868)

Nous avons déjà vu le docteur Van Dyck, de la mission américaine, fonder l'école d'Abeih. La vraie popularité des Américains commença avec la Faculté de médecine. Ils eurent la bonne idée de donner l'enseignement en langue arabe, et c'est ce qui fit leur fortune. Cela ne dura pas longtemps, mais ce fut assez pour donner une impulsion qui dure encore. S'ils avaient persisté, ils seraient maintenant les maîtres incontestés de la Syrie intellectuelle. C'était revivifier cette vieille littérature arabe et donner un complément nécessaire aux travaux des Yazidji et des Boustani. Les travaux de Van Dyck, qui furent écrits en arabe, eurent une grande portée. Esprit lucide et méthodique, il fut le premier et le seul étranger qui put réellement posséder la langue arabe pour l'écrire et la parler.

Avec la Faculté américaine, un élément nouveau entrait en jeu, c'était la culture anglo-saxonne, qui balança pour un moment la culture française. Les élèves de la première période furent réellement des hommes, surtout des hommes d'action, habitués à manier la langue arabe, et ils firent impression. Ce fut une tactique prudente et sage que de mettre au second plan l'idée religieuse et de n'avoir l'air de s'occuper que des questions syriennes. Les Américains encourageaient et encouragent encore les plus grandes hardiesses de pensée et de doctrines. Ils groupaient autour d'eux tous les novateurs rejetés par les autres, leur faisaient une popularité dont ils étaient les premiers à bénéficier. Ils s'entouraient ainsi des sympathies de la jeunesse émancipée et émancipatrice, protégeant ses écarts, lui donnant l'occasion de se produire et satisfaisant ainsi sa grande impatience de briller. Ils surent par là profiter de toutes les forces vives du pays, en ayant l'air de les protéger. Ils

instituèrent dans ce but des séances littéraires, des asso
ciations, des institutions, où la haute société se rendait pour
applaudir les gloires naissantes et les hommes du jour.

Nous ne savons ce qui fit que, dans ces derniers temps,
la Faculté américaine perdit de sa popularité, en Syrie.
Est ce pour avoir été longtemps sans donner d'hommes de
valeur, ou parce que les préoccupations religieuses et même
nationales, longtemps mises au second plan, reparurent et
primèrent les autres ? Est-ce pour avoir voulu adopter
l'exclusivisme, au moment où ceux qui en étaient les détenteurs attitrés capitulaient ? Nous ne saurions le dire Mais
la grève des étudiants musulmans, certaines attaques de la
presse ne laissent point de doute sur ce changement d'opi
nion.

Le Collège Osmanié (1895).

Nous parlerons de ce collège, quoiqu'il soit de date récente
en comparaison des autres, parce qu'il représente un sérieux
et intéressant effort de l'islamisme pour prendre part au
mouvement moderne et qu'il a donné des hommes influents
à la communauté musulmane.

Fondé en 1895 par un ancien élève de la célèbre Univer
sité d'Al-Azhar, Cheikh Ahmad 'Abbas, il rompit nettement
avec les anciennes traditions et ouvrit ses portes aux idées
modernes. Le français y est introduit comme langue obli
gatoire, à l'exemple des autres écoles chrétiennes de Bey
routh, et devient la base de l'enseignement scientifique.
Pour ceux qui connaissent la force du traditionnalisme
musulman, ce fut là une hardiesse, une grande innovation,
et en même temps une capitulation. C'est depuis lors que
nous voyons de jeunes musulmans, écrivains, orateurs
ou journalistes, se faire les apôtres des doctrines sociales
et libérales. Jusque là, il y avait une grande barrière
qui en isolait la masse de l'Islam. Le Cheikh Abbas,

inconsciemment peut être, a été un novateur. S'il eut à essuyer des difficultés et des déboires, son œuvre désormais est assurée, et sa doctrine tolérante triomphe. L'un de ses plus dévoués collaborateurs fut le professeur Yousef Harfouch, si connu par ses ouvrages scolaires monopolisés par les Pères Jésuites. C'est un modeste ouvrier, qui laissera, après lui, un nom qui grandira en s'éloignant. Chaker 'Aoun, le célèbre professeur de français, Nedjib Hobeika, frappé d'une mort prématurée au milieu d'une brillante carrière, vinrent tour à tour offrir leur collaboration au Collège Osmanié. En reconnaissance des services rendus par Cheikh Abbas les Musulmans ont projeté d'ériger son collège en Université. Nous avons appris tout dernièrement encore cette nouvelle avec d'autant plus de plaisir que ce sera un grand pas de plus, dans la voie du progrès.

LA LUTTE SCOLAIRE EN SYRIE

La Syrie a toujours été un terrain de lutte. Cette lutte se poursuit actuellement par l'école.

Pour avoir une idée de l'activité scolaire rappelons en passant les principales écoles syriennes.

La plus ancienne école des Grecs catholiques, après le Collège Patriarcal de Beyrouth, est le Collège Patriarcal de Damas qui date de 1874. Mais sa véritable existence ne commence qu'à partir de sa restauration, de 1905 à 1910. L'école d'Alep date de 1886. Le Collège Oriental de Zahlé est de 1898. C'est une fondation due aux religieux basiliens de Chouaïr. Placé dans un centre actif et important du Liban, il vise un but nettement national et s'inspire d'idées éminemment patriotiques.

La Colonie syrienne catholique a une école à Charfé (au Liban).

Les Arméniens catholiques en ont une autre à Brommar.

Les Druses ont une école à Soukal Gharb, Ad-Daoudieh, du nom de Daoud Pacha, premier gouverneur du Liban, son instigateur. Elle a actuellement à sa tête un jeune écrivain d'avenir, Amin Bey Khidi, qui se propose de la mettre sur le même pied que les autres grandes écoles de Syrie, si toutefois la routine le laisse à sa libre initiative.

Les Musulmans ont encore à Beyrouth une école primaire assez intéressante : Dar al Fonoun. Fondée vers 1880, par un Indien, Mohammed 'Abdal-Djabbar Khaïri qui, après avoir étudié au collège musulman d'Aligarh, vint compléter son instruction au Collège américain de Beyrouth, avec son frère 'Abdal Settar. Ils sont partisans de la méthode anglo-saxonne, et c'est la seule école indigène du genre.

Les Métwalis avaient une école à Nabatié au Liban qui a donné nombre d'écrivains à cette communauté. C'est de ce groupe d'écrivains représentés par Cheikh Ahmed Rida, Souleïman Daher et Cheikh Aref Al Zein, qu'est parti le mouvement moderne pour gagner le monde chi'ite de Syrie.

Les Grecs orthodoxes ont à Beyrouth l'école des *Trois Docteurs* (Talat Akmar). Une autre école, qui n'eut qu'une existence éphémère et à qui l'on doit l'écrivain moderne Farah Antoun, c'est celle de Kiftin dans le Liban. Un projet de grand collège a été fait, à Beyrouth, mais jusqu'à présent, les bases seules d'une grande construction sont réalisées.

Une autre école, celle de Mhaïtti, est due à l'initiative privée de Cheikh Ibrahim Mindir.

C'est chez les Maronites que l'on rencontre la plus grande activité scolaire.

En 1865, est fondé le Collège de 'Areimé.

En 1867, celui de 'Aramoun.

En 1882, ceux de Gazir et de Kornetchehwan.

En 1878, a lieu aussi la restauration du Collège de Kfarhai

Construction d'une école à Sourat (Liban). — Ouvriers maçons au travail.

« Saint-Jean Maron » qui, d'après la *Grande Encyclo-pédie*, aurait, le premier des collèges syriens, fait du français une langue obligatoire. Son restaurateur, Monseigneur Freifer, un grand patriote et un grand ami de la France, rappelle, par sa mâle figure, les évêques du moyen âge, grands pourfendeurs d'infidèles. Il ne fut point seulement un propagateur de l'instruction et de la culture françaises, il joua encore un rôle politique considérable.

Nous passons sous silence les petites écoles maronites, qui, comme celles de Mo'ad, Kfifan, Kfarchehi, Gerapta, Baskounta, Ba'abda, Beït ad Din, Saïda, Djezzine, Ba'abdât, se trouvent disséminées un peu partout.

Jusqu'ici nous n'avons rien dit des écoles du gouvernement. Beyrouth a une école primaire et une école secondaire, ainsi qu'Alep. Mais ces écoles n'existent pas moralement. Après la révolution de 1908, on a fait des efforts louables pour les ramener à la vie, on y a introduit des hommes éminents tels que le professeur Youssef Harfouch et Cheikh Moustafa Ghalaïni, à Beyrouth et le poète orateur F. Farès à Alep, mais ce n'est pas assez. On ne peut, quoi qu'on fasse, méconnaître impunément une vérité. La langue maternelle de la Syrie est l'arabe, et la langue étrangère admise au foyer de la famille est la langue française. Les écoles du gouvernement font la moue à l'une et à l'autre, et elles restent désertes. Après cinq siècles de domination il est un peu tard pour penser à imposer la langue turque.

Un fait plus remarquable encore, c'est l'activité scolaire des étrangers en Syrie. Beyrouth, capitale intellectuelle de la Syrie, s'en trouve être le champ de bataille. C'est un essai de conquête pacifique par l'école où presque toutes les grandes Puissances de l'Europe, et de plus les États Unis, se trouvent représentés. La France, l'Amérique, l'Italie, la Russie, l'Angleterre, l'Allemagne s'y trouvent aux prises.

Si la culture italienne est la plus ancienne en Orient, la France, grâce à son influence politique, et à l'amitié des Maronites, l'a supplantée vers le commencement du dix neuvième siècle, avec la propagande des Lazaristes. Après 1860 la culture française domine incontestablement, et lorsque les troupes expéditionnaires se furent retirées, la langue resta.

L'Italie essaya sous le premier ministère Crispi, 1878, de reprendre son ancien rang dans la culture intellectuelle en Orient, mais les énormes sacrifices, qu'elle s'imposa, ne lui donnèrent que des résultats insignifiants, et elle dut modifier son programme tout en n'abandonnant point la lutte. La Dante Alighieri reste encore à Beyrouth avec les écoles des religieux italiens, comme les derniers témoins de la lutte engagée et perdue.

Il y a deux ans, les Carmes installés depuis longtemps à Bécharri, gros bourg de la haute montagne du Liban, voulurent transformer leur couvent en école. Tous les religieux étrangers protégés par la France sans distinction de nationalité arborent le drapeau français. Les Carmes italiens de Bécharri voulurent le remplacer par leur drapeau national. Mais la population maronite dévouée à la France, se précipita sur le collège et le ferma de force. Les autorités civiles et surtout ecclésiastiques durent intervenir, mais quoi qu'il en fut, le collège ne fut rouvert qu'à l'ombre du drapeau français. Dernièrement, peu avant la déclaration de la guerre, le drapeau italien est de nouveau arboré. Et les Carmes de Bécharri ont été les premiers à être expulsés. Sans cette affaire de drapeau, ils n'auraient pas été inquiétés. Le dernier rapport du Ministère des affaires étrangères d'Italie signale l'école de Bécharri comme un regain d'influence ! L'échec de l'Italie, dans son action scolaire, provient de son manque de relations, ou, si l'on veut, de clients. Elle est

obligée de disputer à la France les catholiques et surtout
les Maronites. Mais c'est une tentative plus que vaine.
Lorsque les Maronites avaient encore la culture italienne,
lorsque l'italien était langue obligatoire dans leurs écoles,
la France prédominait, et maintenant que la langue fran
çaise est si répandue, que la culture française possède la
suprématie, comment lui disputer le terrain ? Il y a trop
de vieux souvenirs, trop de ces vieilles choses inoubliables
entre la France et le Liban maronite, pour qu'en jetant
quelques millions au hasard des budgets, on puisse les
détruire. L'espoir fondé sur les dissensions religieuses,
les démêlés de l'Église et de l'État, est vain et illusoire. Pour
aimer la France, nous ne lui avons jamais fait faire son
examen de conscience.

La culture anglo-saxonne, par les efforts réunis des mis
sionnaires anglais et américains, faillit supplanter la culture
française. Ce fut peu après la fondation du Collège américain. Le prestige d'hommes éminents tels que l'honorable
Bliss et son fils, le docteur Post, le docteur Vartabet, le
docteur Van Dyck, l'intérêt surtout qu'on prenait de la langue du pays, cette atmosphère de libéralisme dont ils s'entourèrent, gagnèrent toutes les sympathies. Leurs premiers
élèves furent presque partout des hommes remarquables par
la force de leur caractère. Joignez à cela les sympathies
traditionnelles des Druses pour les Anglais, sympathies dont
les Américains ont profité et profitent encore, et vous aurez
une idée de ce que fut à un moment donné la faveur de la
culture anglo saxonne. Actuellement la langue anglaise
s'étend de plus en plus. Les écoles françaises elles mêmes
sont obligées de lui faire une large part. Elle est loin de
devenir obligatoire, cependant elle devient fort utile pour
les besoins du commerce, à cause du voisinage de l'Égypte
occupée par l'Angleterre, et du grand courant d'émigration
vers les États Unis d'Amérique.

On a parfois exagéré l'influence sociale et intellectuelle de l'émigration. Muhammed Ef. Kurd 'Ali y voit à tort la cause efficiente de notre culture plus intense et de notre niveau moral plus élevé que partout ailleurs en Syrie. Nous avons formé et donné à l'émigration ce qu'elle a de meilleur, sans lui rien devoir de bien important jusqu'à présent, abstraction faite de ces constructions sans goût ni utilité qui ont dépareillé nos paysages libanais. Mais nous sommes en droit d'attendre beaucoup de l'émigration maintenant qu'elle entre dans sa nouvelle phase de maturité.

Si donc la culture anglo saxonne se développe, ce n'est pas à l'émigration qu'elle le doit, mais plutôt à l'action politique anglaise, aux missions protestantes et au mouvement commercial. Outre la Mission américaine, il y a encore, en Syrie, la Mission Britannique (*The British Mission Schools and Bible Work*) fondée en 1860, qui a des écoles à Beyrouth, Damas, et ailleurs. La *British Episcopalian Mission* se trouve à Damas. La *Mission écossaise*, dirigee surtout pour la conversion des Juifs, est de 1864.

L'Allemagne concentre son attention sur le commerce et fait dans cette voie des efforts qui devraient servir de modèles aux autres. Au point de vue de la culture, l'influence germanique ne se fait point sentir. Quelques traductions de l'allemand, comme *Intrige und Cabale* de Schiller, par Trad, et *Wilhelm Tell*, par l'auteur de cet article, dénotent un engouement littéraire plutôt qu'une influence profonde. Les Syriens ignorent même les grands travaux des savants allemands sur la Syrie... Ce manque d'influence vient surtout de ce que l'Allemagne n'a point de sympathies traditionnelles ou religieuses dans le pays, et si l'on veut aller au fond des choses, on constatera que le caractère syrien est trop différent du caractère allemand : l'un est ardent, exubérant, fin, sournois même, mobile et enthousiaste, l'autre posé, lent, patient et réfléchi. L'Oriental aime

le geste du grand seigneur, et l'Allemagne, dans ses efforts
pour l'apprivoiser, n'a point su prendre ce beau geste.

L'*Alldeutscher Verband*, l'Hôpital prussien, les Diaco
nesses représentent à Beyrouth l'influence allemande.

Après l'influence anglo saxonne, l'influence russe est la
plus considérable. La Russie protège les Grecs orthodoxes.
comme la France les Maronites, et les Anglais les Druses,
et, grâce à cette protection, elle a une influence propor-
tionnée à celle de ses protégés. Elle subventionne leurs
écoles, au moyen du Saint Synode et de la Société Impé
riale russe de Palestine. La langue russe se répand assez
difficilement, et ceux qui l'apprennent dans les écoles sont
condamnés à l'oublier aussitôt après, faute d'exercice. Il n'y
a point, à proprement parler, une culture slave. La Russie
recherche une influence politique et religieuse. Il se pro-
duit à cet effet des faits assez curieux à observer. Lorsque,
pour une cause ou l'autre, les Grecs orthodoxes sont mé
contents des représentants du gouvernement russe, ils
menacent de se faire anglicans. Le remède est toujours
efficace, et la Russie s'émeut à cette pensée. Cela a été ré
cemment le cas pour les affaires du Koura au Liban. Les
Anglicans sont appelés, mais, les désirs des mécontents
étant satisfaits par le consulat russe, la décision est retirée.
Malgré que la culture française prédomine dans la haute
société grecque à cause de son raffinement, cependant on
peut observer dans la masse une grande propension vers la
culture anglo-saxonne qui, prétend on, est plus apte à faire
des hommes.

La culture française, comme nous avons eu l'occasion
de le constater bien des fois, prédomine partout en Syrie.
Le français est la base de l'enseignement scientifique, his
torique, géographique, philosophique, moral, voire même
religieux pour les écoles chrétiennes. Nous ne parlons point

des écoles françaises, mais des écoles syriennes. Les auteurs français sont entre les mains de tout le monde, et il se débite plus de livres français que de livres arabes.

Cette influence de la culture française se traduit par l'usage commun de la langue et de la littérature françaises. Presque toutes les traductions que nous avons des langues étrangères sont faites sur une traduction française, notre presse est française d'allures et d'inspiration; nos écrivains, nos orateurs, nos poètes, agissent de même, se contentant parfois d'adapter des œuvres françaises. Peu après le réta blissement de la Constitution, tel orateur se signalait par son éloquence enflammée et la faveur dont il jouissait auprès de la foule. A quoi devait-il ses succès? A un recueil de discours d'orateurs de la Révolution française, devenu son livre de chevet. Tel autre, en apparence plein de douceur, venait de publier un article d'une violence inouïe. Le motif? Il lisait l'histoire de la Révolution française, et s'était enthousiasmé pour la personnalité de Saint-Just, avec qui il avait quelque ressemblance physique Car l'his toire de cette Révolution est l'Évangile de plus d'un de nos jeunes intellectuels syriens.

Les modes sont les modes de Paris; les usages français sont de rigueur dans la vie mondaine. Les dames de Beyrouth ont aussi leur jour de réception. Et l'engouement, très onéreux d'ailleurs, est tel que l'on était mal venu, il y a peu de temps, à porter le costume national. Plusieurs orateurs qui, pour la fête de la Constitution, en juillet 1910, avaient résolu de le reprendre pour parler en public, firent sensation alors.

Sur le terrain scolaire entre aujourd'hui en jeu un nou veau facteur : la culture syrienne Car, jusqu'ici, la Syrie n'avait pas de culture nationale, chacun cherchant à nous imposer la sienne. La Révolution fut à ce point de vue une déception complète. Au lieu de nous aider à reconstituer

notre intellectualité propre, on voulut la proscrire. On
alla jusqu'à ordonner par décret impérial la substitution du
turc à l'arabe. D'ailleurs le Gouvernement n'était pas seul
à prendre position contre la culture nationale de la Syrie.
En 1908, un petit travail sur la *Question sociale et scolaire
en Syrie* revendiquait pour notre peuple le droit à une
culture en rapport avec ses besoins. Ce fut un *tolle* dans
toutes les colonies européennes. Imprimée à Beyrouth, avec
le nom d'Alexandrie, la brochure avait été répandue par
tout. Toutes les autorités civiles, religieuses et consulaires
la reçurent. Elle fut distribuée à toute la presse arabe de
Syrie, d'Égypte et d'Amérique. Personne n'osa s'associer à
ses revendications. Quelques articles envoyés aux journaux
furent supprimés. Européens ou Turcs, personne ne voulait admettre que la Syrie prétendît à l'indépendance de sa
culture.

Nous aimons celle de la France — nous avons adopté la
langue et la littérature françaises — mais nos sentiments
d'affection ne peuvent aller jusqu'à l'oubli de nous mêmes.
Comme le disait la note dont il vient d'être question :
« Nous n'avons pas l'honneur d'être Français, nous sommes
« des Syriens aimant la France, amis de la littérature et
« de la pensée françaises. » Nous sommes, pour elle, ce
que sont les Suisses de Lausanne, les Belges de Liège. La
langue française doit être pour nous, non point un vain
luxe, mais un solide appui moral. Dans l'intérêt de la Syrie,
comme dans celui de la politique française, il faut que dans
notre pays les hommes conservent leur caractère national
et leur individualité propre, en s'élevant à l'école de la
France, en s'inspirant de ses idées, en cultivant sa littérature. Chose facile, car, si nous préférons la culture française, c'est parce que, mieux que toute autre, elle s'adapte
à notre mentalité et à nos aspirations.

Mais il ne faut pas aller trop vite en besogne. Ce serait
former des déclassés — il n'y en a déjà que trop chez

nous — et créer des éléments d'anarchie. Ce qu'il faut, c'est, non point détruire, mais reconstituer le foyer syrien; pour cela, on devra tenir compte de nous mêmes et de nos besoins, que quelques personnes plus zélées qu'habiles ne sont que trop portées à oublier. La France, à qui revient le rôle prépondérant dans l'œuvre de notre régénération, ne fera qu'obéir à l'esprit de sa mission civilisatrice en s'en souvenant.

CHAPITRE II

LA PRESSE

C'est Bonaparte qui a inauguré la presse en Orient. Il fit publier, pendant l'expédition d'Égypte, deux journaux en langue française : *le Courrier d'Égypte* et *la Décade égyptienne*. En 1828, Méhémet Ali fait publier les *Wakaye 'al Misrya*, dont un des premiers rédacteurs fut le célèbre Faris Chidiac. Mais déjà Al. Black avait fait paraître à Smyrne, en 1825, *le Spectateur d'Orient*, puis *le Courrier de Smyrne* en langue française Appelé à Constantinople, Black rédige en 1831 *le Moniteur ottoman*, qui, une année après, porte une partie turque, le « Takvim ul-Vakayé ».

La presse syrienne arabe fait sa première apparition en 1857 avec le *Hadikat-al Akhbar*, journal bi hebdomadaire publié à Beyrouth par Khalil Al Khouri. C'est un organe d'information sans tendances politiques arrêtées. C'est l'illustre Boutros Boustani qui inaugure la presse politique par son *Clairon de Syrie (Nafir Sourya)* trois ans après, en 1860. Détourné un moment de la presse, par la fondation de son « Collège national », il y revient en 1870 pour fonder une revue politique, scientifique et littéraire : *Al-Djenân* (le Bouclier), la première du genre. Il fonde la même année, un organe politique, *Al Djanna* (le Paradis), et un journal quotidien dirigé par Souleiman Ef. Boustani, le célèbre traducteur d'Homère.

En 1862, le Gouvernement Libanais publie *le Liban officiel*.

En 1869, les Jésuites publiaient, pendant le concile du Vatican, une revue religieuse : *l'Église catholique* (Al-Kenisat al Kathoulikia). En 1870, cette revue fait place au journal *Al Bachir*, hebdomadaire, devenu semi quotidien.

En 1870, Youssef Al-Khouri Chalfoun publie son journal *Az Zahra* (la Fleur), puis *An Nahla*, en association avec Louis Saboudji. Il publie encore son journal *An Nadjah* (le Succès), hebdomadaire, puis quotidien. En 1874, paraît le journal *Al-Takaddom* (le Progrès), fondé par le même Chalfoun et où écrivirent les jeunes écrivains les plus remuants et les plus avancés en fait d'idées. Adib Ishak et Cheikh Skandar Al Azar sont les plus connus.

Cheikh Skandar Al Azar.

Cheikh Skandar, dont on admire encore dans les journaux syriens, les propos fins et spirituels, est actuellement dans la soixantaine. Il commença fort jeune à écrire, et débuta par un chef d'œuvre : *la Famine de Rome*, drame en vers qui lui valut une immense popularité, bien méritée d'ailleurs. Orateur public, un discours brillant : *Ce qu'on voit et ce qu'on ne voit pas*, lui valut la persécution du gouvernement. Prenant à un économiste français le titre d'un de ses ouvrages, il passait en revue l'état social, politique et littéraire de la Syrie d'alors, donnant libre cours à sa verve satirique : « Ce qu'on voit, dit-il, c'est une victime qui tombe assassinée en pleine rue; ce qu'on ne voit pas, c'est l'assassin. Ce qu'on voit, c'est Skandar Al Azar prenant son apéritif le soir au cabaret; ce qu'on ne voit pas, c'est le pauvre Skandar Al Azar penché toute la journée sur sa table de travail et alignant des chiffres. »

Il y a là deux allusions qui demandent explication. Ce poète est un économiste distingué. Il s'est toujours occupé des questions économiques et, fut le directeur des banques Suisok de Beyrouth, qu'il ne cesse, après sa retraite, d'aider de ses conseils. Il mena de front, toute sa vie, les chiffres et les vers, les mathématiques et la littérature. Mais la réputation du littérateur prima celle de l'économiste.

L'autre allusion se rapporte à sa réputation de buveur. Cheikh Skandar est un des premiers affiliés à la maçonnerie en Syrie. Il fut l'orateur des loges françaises et leur apôtre, sans qu'on ait jamais eu à lui reprocher d'avoir été un sectaire. Un jeune homme vint un jour présenter une demande d'admission à sa loge. A la délibération, Cheikh Skandar s'opposa à la réception du candidat : C'est un buveur, dit il. Peu après, ce jeune homme se signala par ses écrits, ce n'était autre qu'Adib Ishak. Ayant fait la connaissance de Cheikh Skandar, Adib l'invita à venir chez lui. Il prenait des leçons d'anglais chez un professeur particulier. Ces leçons avaient lieu le soir, et l'on buvait plus qu'on ne travaillait. Cheikh Skandar fut scandalisé à la première séance. Petit à petit il s'apprivoisa et poussa la complaisance jusqu'à devenir à son tour buveur. C'est alors qu'il raconta, en riant, à son ami, Adib, le vrai motif du rejet de sa demande, rejet sur lequel la loge revint depuis.

Cheikh Skandar s'est fait beaucoup de tort en buvant. Il le sait, il le déplore, mais avec la terrible pression morale du régime hamidien, il se sentait le besoin impérieux d'oubli, fût-ce même par l'abrutissement, ce à quoi il n'a point heureusement abouti.

Cheikh Skandar laissera une trace profonde dans la littérature syrienne moderne. Il a le tour heureux, la concision, la mesure et, par-dessus tout, le goût. On entrevoit, à travers ses écrits les plus exubérants, la netteté et l'ordonnance d'un extrait de compte. Et c'est la qualité qui a toujours manqué à nos meilleurs écrivains.

Adib Ishak

Né à Damas le 21 janvier 1856, il étudia les éléments du français et de l'arabe au collège des Lazaristes. A onze ans, il est obligé de quitter le collège pour venir en aide à sa famille. Il entre dans l'administration des douanes avec un traitement de 200 piastres (46 francs environ) par mois. Mais ses goûts le portaient vers la littérature. Il ne cessait de lire et de correspondre sur des sujets littéraires, et eut alors l'occasion d'apprendre la langue turque. D'après sa biographie écrite par son frère Awni, écrivain et avocat connu, il possédait déjà à sa douzième année un recueil de près de mille vers de sa composition. Son père l'appela à Beyrouth pour l'aider dans l'administration des postes. Il avait alors quinze ans et là il eut l'occasion de faire la connaissance des écrivains du jour. Puis il rentra dans l'administration de la douane, sans cesser de cultiver la littérature, et fut du groupe qui fonda la société littéraire *Zahrat al Edèb* (la Fleur des Lettres), en 1873.

En 1874, il devient le rédacteur du journal *Al Tahaddom* fondé par Yousef Chalfoun. C'est alors que commence sa véritable carrière. Après plusieurs tâtonnements il avait trouvé sa voie. Cependant il ne resta pas longtemps à Beyrouth. A la demande du Consul général de France, il avait traduit en arabe l'*Andromaque* de Racine, pour une fête de charité. D'après ses biographes, il aurait fait la traduction, les vers, les chants, et fait apprendre les rôles aux acteurs en trente jours. La fête réussit et rapporta 35.000 piastres (environ 7.000 francs). Il avait, en outre, aidé son ami Salim Nakkach dans la traduction et la composition des pièces de théâtre qu'il était allé faire jouer en Égypte, où il le rejoignit bientôt.

D'Alexandrie où il arriva tout d'abord, il vint au Caire, fit la connaissance de Djamal al Din Al Afghani et fit partie du cercle qui se réunissait autour de lui pour entendre ses conférences. En 1877, il fait paraître un journal intitulé *Miṣr* (l'Égypte) où l'on entend parfois l'écho des doctrines du maître afghan. Il ne tarde pas à se transporter à Alexandrie près de son ami S. Nakkach et ils s'associent pour publier outre *Miṣr* un autre quotidien : *Al Tidjara* (le Commerce). Adib était nettement hostile à l'influence anglaise et ne masquait point ses antipathies. Des attaques violentes et directes amenèrent la suppression des deux journaux et nous voyons Adib en 1880 en route pour la France, attiré par son libéralisme, pour y reprendre son journal *Miṣr* qu'il remplace bientôt par celui du « Caire ».

Les Syriens en Égypte conservaient l'amitié tradition nelle de la France et témoignaient peu de sympathie à l'Angleterre. C'est Salim Nakkach, collaborateur d'Adib, qui le premier lança ce mot qui fit fortune depuis : *l'Égypte aux Égyptiens*. Alors, « l'Égypte aux Égyptiens » s'adressait aux Anglais et valait une mise en demeure d'évacuer l'Égypte. C'est le contraire qui eut lieu, et à la suite du mouvement arabiste en 1882, les Syriens furent chassés.

A Paris, la violence d'Adib contre l'Angleterre ne connut plus de bornes Il la représentait aux peuples de l'Orient comme le boucher qui n'engraisse ses moutons que pour les tuer plus gras, et qui prend dans leur peau la cravache destinée à les conduire.

En lisant ces articles enflammés, on ne peut s'empêcher de penser à la sombre éloquence des *Paroles d'un croyant*. C'est la même révolte, grossie par une imagination en délire. En voici un spécimen :

Sous un ciel d'équité, sur une terre tranquille, parmi des hommes libres, où se font entendre les concerts harmonieux d'une société basée sur la justice, les sanglots lamentables de mon peuple opprimé, chassé par la verge douloureuse, me viennent à la mémoire et je me prends à sangloter comme la mère d'un orphelin. Ici le bien être qui se voit partout au milieu de l'égalité sociale, et là une hideuse misère dans des régions assombries... Et mes larmes coulent, coulent noires comme mon cœur et c'est dans ces larmes que je trempe ma plume pour écrire à mes frères : « Hommes ! votre oppression n'a point d'excuse, votre résignation est inutile, votre action n'est point digne d'intérêt, et vous disparaîtrez et personne ne vous pleurera. Vous supportez l'injustice au point que votre tyran y croit voir un droit; vous souriez à vos fers comme vous auriez souri à un ornement qui vous pare, vous vous effacez devant ceux qui vous oppriment avec tant de bassesse et d'humiliation que quiconque vous voit est prêt à s'écrier ce ne sont point là des hommes, ce sont des machines vouées à labourer la terre et à la rendre féconde .. »

Adib passa neuf mois à Paris, et ce fut assez pour ruiner sa santé déjà atteinte par la boisson, le surmenage intellectuel et son régime de privations. Le froid était intense, ses poumons furent atteints, et il rentra en Syrie poitrinaire. Les vers qu'il fit sur le bateau qui le ramenait et où il compare la violence de son mal et les ardeurs de son âme au feu qui pousse le bateau et l'anime, respirent une sombre mélancolie et témoignent d'un désespoir à peine contenu.

A Beyrouth, il reprend la rédaction du *Takaddom* et ne tarde pas à rentrer en Égypte où il est nommé inspecteur de l'Office des traductions au ministère de l'instruction. Son journal *Misr* reparaît de nouveau, en 1881. Désigné pour le secrétariat du Parlement égyptien, il laisse la direction du journal à son frère Awni. Lors du soulèvement d'Arabi Pacha (1882), il gagne la Syrie. Revenu en Égypte après l'occupation anglaise, il est pris et jeté en prison pendant six heures, juste assez pour écrire une poésie à Sultan Pacha. Il sort de prison pour revenir à Beyrouth et y reprendre, pour la troisième fois, la rédaction du *Takaddom*. Mais devant les ravages de la maladie, il est obligé de suspendre son travail et de gagner l'Égypte dans l'espoir d'y retrouver du soulagement. Le gouvernement lui permit de le faire et il passa quelques jours au Caire, puis à Alexandrie et revint en Syrie pour y mourir le 12 juin 1885, dans la maison de campagne de sa famille à Hadet.

Le curé refusa de prier sur son corps, et il fut enterré civilement. Sur sa tombe, où se firent entendre les plus éminents littérateurs, Cheikh Skandar Al-Azar vint à son tour et dit :

Frère d'âme, me voici prosterné sur ta tombe, le désespoir dans l'âme. Tu as vécu la conscience libre en pensée, en paroles et en actes, et tu es mort de même, libre dans ta pensée, ta parole et tes actes. Les hommes libres te pleureront et la Liberté chantera ses chants funèbres sur ta tombe prématurée. Et moi je resterai après toi pour être l'ami de tes amis, et l'ennemi de tes ennemis. Ma suprême consolation sera de te retrouver, un jour, dans l'ombre éternelle !

Malgré la brièveté de sa vie, Adib Ishak a laissé sa trace dans la littérature syrienne. Son nom est attaché à ce qu'on peut appeler le romantisme arabe.

S'il doit beaucoup à ses lectures françaises, il conserve néanmoins son originalité et sa personnalité. Si l'on peut lui reprocher sa déclamation, sa parole parfois creuse, et sa pensée flottante et embarrassée, ces défauts sont rachetés par une émotion sincère, un coloris éclatant et cette éloquence enflammée qui entraîne les masses. Il est resté l'ami de la jeunesse, et peut-être que la mélancolie de sa fin prématurée a eu sa part dans cet engouement.

La postérité lui fera peut être expier la faveur indulgente de ses contemporains, en ne voyant dans son œuvre que des ébauches. Mais elle devra se souvenir que sa vie ne fut qu'une lutte, qu'attelé, dès l'âge de 11 ans, à un labeur déprimant, il le poursuivait jusqu'au but, affligé des sentiments qui lui conseillaient les partis extrêmes, et qu'il lutta pour vivre. On lui tiendra compte de la fierté de son attitude, dans un temps où une parole valait une action et entraînait autant de suites. Ce fut le premier propagateur de la liberté politique et individuelle, de la fusion des classes et des races, dans la fraternité humaine. Il créa, pour servir ces idées, une terminologie nouvelle qui resta acquise et tira le journalisme de l'ornière en lui ouvrant les horizons politiques et sociaux. Après Racine, ce sont les contemporains qui l'attirent : Gambetta, Littré, E. de Girardin, V. Hugo, et il puise à pleines mains dans leurs idées et dans leurs doctrines, pour les jeter à l'Orient étonné et ému, dans une forme éclatante et nouvelle.

Ainsi que la Presse qu'il servit toute sa vie, son rôle fut celui du vulgarisateur, de l'esprit émancipé et émancipateur.

Désormais la Presse ira sans cesse en se développant En 1874 paraît le premier journal musulman de Kabbani, *Thamarat al Fonoun* (les Fleurs des Arts); en 1877, *Lisan al Hal* de Sarkis, qui est actuellement un des plus grands quotidiens de la Syrie, après sa transformation de 1894. En 1880, *Al Misbah* est fondé par Mgr Debs et rédigé par le poète Boulos Zaïn. En 1886, nouveau journal musulman de Moustafa Ef. Dana portant le titre de *Beyrouth*. En 1891, apparaît *Al Ahwal* de Badaoui, devenu quotidien en 1893, et paraissant actuellement deux fois par jour. En 1891, également, paraît le *Libnan* de Ibrahim Bey Al Aswad à Baabda (Liban). En 1893, paraît *Tripoli de Syrie*, quotidien de Behaïri. En 1894, *Ar-Raouḍa* de Khalil Ef. Bahos, qui paraît encore. En 1895, *Raoudat al Ma'aref*, d'Al Onsi. En 1895 également, paraît à Jounieh le quotidien *Al-Arz* « les Cèdres », appartenant à Philippe et Farid Al Khazen. En 1896, est publié le journal de Damas : *Ach Cham*.

Il serait trop long de suivre tout le développement de la presse à travers la Syrie, qui possède actuellement plus de cent organes arabes existants, abstraction de ceux qui n'ont eu qu'une existence éphémère. A la suite de la proclamation de la Constitution, la ville de Beyrouth seule vit appa raître 36 journaux et revues. Il lui reste actuellement 8 organes quotidiens, 17 hebdomadaires et 12 revues.

Outre les deux quotidiens déjà signalés, *Al Ahwal* et *Lisan al Hal*, les principaux journaux sont : *Al Ittihad al 'Osmani*, quotidien musulman conservateur, qui date de quatre ans ; *Al Moufid*, quotidien musulman libéral ; *Ar Ray al Amm*, quotidien musulman libéral ; *An Nasir*, fondé en 1901, fut suspendu pendant quelques années et repris par son directeur, 'Abboud Abi Rachid. C'est un quotidien libanais démocrate, qui se signala longtemps par ses attaques violentes contre le gouvernement local. Il est actuellement dirigé par Mlle Salma Abi Rachid. *Al Haris*, quotidien qui devint dernièrement bi hebdomadaire ; il est dirigé par Amin Ghorayeb, ancien propriétaire du *Mohadjer*, quotidien arabe de New York.

Al Bark, hebdomadaire, fondé en 1908, est un journal littéraire et politique de forme soignée. Il est fort répandu parmi la jeunesse syrienne, tant en Syrie qu'à l'étranger. Éclectique en tout, il a la collaboration gracieuse des principaux écrivains. Cheikh Skandar Al 'Azar y publie ses intéressants *Propos* satiriques. Son directeur propriétaire, Béchara Khouai, est un jeune poète de talent et d'avenir.

Le Liban possède quinze journaux : *Libnân*, propriétaire Ibrahim Bey Aswad ; *Ar Raouda*, propriétaire Khalil Bahos ; *Al Arz*, propriétaire F. et Ph. Al Khazen ; *As-Safa*, organe druse important pour les informations qu'il en donne ; *Al Hikma*, propriétaire Salim Bey Wehbé ; *Sida Libnân*, par Sidj'ân Bey' Aredj ; *Al Hakikat*. à Beit Chabab ; *Ach Chaghour*, par le docteur 'Ad ; *An Nahda*, par le docteur Saba ; *Machhad al Ahwal*, par M° As'ad Daou ; *Al Ittifah*, par Habib Bey Nasif ; *Al Birdawni*, *Zahlé'l Fatât*, *Al Mou hazzib*, *Al Khawater*, quatre journaux de Zahlé, principal centre du Liban.

Il y a deux ans, lors de la promulgation de la loi sur la

Presse en Turquie, les principaux journaux du Liban se liguèrent pour s'opposer à l'extension de la loi à leur pays sans le consentement des puissances signataires de son règlement organique. *Al Arz* seul persiste dans sa résolution et depuis a refusé de paraître. *An Nasir*, qui se transporta à Beyrouth provisoirement, y reste encore.

LA PRESSE SYRIENNE HORS DE SYRIE

La presse syrienne se développa en dehors de la Syrie et surtout en Égypte. L'un de ses représentants les plus connus est le célèbre Faris Chidiac, que nous avons déjà vu collaborer aux *Wakaye al Misrya*.

Faris-Chidiac (1804-1887).

Faris, fils de Yousef, fils de Mansour, fils de Djafar, surnommé Chidiac (clerc, corruption d'archidiacre), descend du Mokaddem Ra'd, gouverneur de Hasroun au dix-septième siècle. Né à 'Achekout au Kesrouan (Liban) en 1804, ses parents viennent en 1809 habiter Hadeth près de Beyrouth. Il fit ses premières études au célèbre collège de 'Aïn-Warka. Son père mort, il dut le quitter et, comme il avait une belle écriture, il fit le métier de copiste, l'impression étant alors chose rare et difficile. Puis il partit pour l'Égypte, où il se perfectionna dans la littérature arabe et fut chargé de rédiger le *Journal officiel* qui venait d'être créé. En 1834, il vient à Malte, appelé par les missionnaires américains pour enseigner l'arabe et diriger l'imprimerie, et la fournir de livres. Il passa là quatorze ans, composant son livre sur Malte, *Al Wasila fi ma'rifat ahwal Malta*, et son auto-biographie *As-Sak 'ala's-sak fima houwa l-Faryak*. Appelé à Londres pour la traduction en arabe de la Bible,

il y alla, et sa traduction est une des meilleures au point
de vue de la langue. Ce travail achevé, il vint à Paris et
séjourna longtemps, soit en France, soit en Europe, se per
fectionnant dans la connaissance du français et de l'anglais.
Il écrivit un ouvrage sur ses voyages, où il a consigné ses
impressions et ses pensées sur l'Europe, *Kachfol Mokhabba
an fonoun Orobba*. Il s'était marié avec une Anglaise, dont
il n'eut point d'enfants.

Entre temps, le Bey de Tunis, Ahmed Pacha, avait visité
la France. Chidiac lui dédia une poésie, qu'il lui adressa
à Tunis. Le bey invita le poète à venir près de lui, et en
voya une croisière pour le prendre. A Tunis, il suggéra au
Bey de fonder, à l'exemple du Gouvernement égyptien, un
organe officiel. Ce fut le *Raïd at Tounisi*, que Chidiac
rédigea tant qu'il fut là. Le Bey combla Chidiac de ses
faveurs, lui donna des charges importantes, et Chidiac
embrassa l'islamisme et se fit appeler Ahmed Faris. Ce fut
une pure complaisance, car Chidiac était un libre penseur
invétéré. La lecture de ses ouvrages le montre, mais à ce
propos un de ses habitués à Constantinople a conté une
anecdote qu'il serait intéressant de citer.

Sur la fin de sa vie, son fils Salim engagea une discus
sion assez chaude avec un de ses camarades, le docteur
Zakhour Al-'Azar, sur la prééminence du christianisme
et de l'islamisme. Ne pouvant s'entendre, ils portèrent
l'affaire devant le *cheikh*, comme on appelait alors Chidiac.

Espèces de nigauds, leur dit-il, ne pouvez vous pas
trouver une occupation plus utile que celle là?...

Demandé par le grand vizir ottoman au Bey de Tunis,
Chidiac vint à Constantinople, où il fut chargé de la direc
tion de l'imprimerie impériale. En 1861, il fonde le journal
quotidien *Al Djawaïb*. La réputation grandissante de Chi
diac, ses connaissances variées, son style éclatant et souple
valurent au journal une grande extension. Il fut lu aux

Indes. en Perse, en Arabie, dans l'Irak, en Égypte, en
Syrie, au Maghreb, partout où la langue arabe est connue.
Néanmoins il fut supprimé en 1884, pour reparaître plus
tard en Égypte.

Dans la dernière période de sa vie, Chidiac poursuivit
son labeur et ne cessa d'écrire. Venu en Égypte peu avant
sa mort, il voulait revoir ses montagnes du Liban, pour y
reposer parmi les siens. Mais, rappelé à Constantinople par
ses affaires, il y fut surpris par la mort en 1887. Son dernier vœu fut d'être enterré dans sa terre natale qu'il n'avait
pu revoir. Son désir fut exaucé, et maintenant il repose dans
sa tombe à Hazmié, près de la grand'route de Damas.

Outre ses publications périodiques et ses poésies de cir
constance, il a laissé neuf principaux ouvrages : un traité de
philologie arabe, *Sirr al layali fi'l halb wa'l abdal*; une
critique sur le dictionnaire de Firouzabadi, *Al Djasous'ala'
l Kamous* ; une étude sur l'état de l'Europe ; des Mélanges,
Al Lafif; une Grammaire arabe, une Grammaire anglaise
et une Grammaire française en arabe ; enfin son Autobio
graphie, déjà citée.

Chidiac fut un écrivain fécond et brillant, sa langue est
solide et son érudition étendue. Spirituel, il pousse la finesse
jusqu'à l'effronterie, et l'engoûment jusqu'à la licence. Le
goût lui manque et l'on s'étonne de voir des lacunes et des
naïvetés à côté de vues justes et profondes. Il laissa un grand
nom, justifié par sa fecondité, la hardiesse de ses vues, le
nombre de ses ouvrages et l'importance des matières qu'il
y a traitées. Il eut au suprême degré le don de l'originalité
et du pittoresque.

Sa société était agréable. Son imagination puissante l'en
traînait et l'on se sent encore soi même entraîné à sa lec
ture et parfois désorienté. La critique aura beaucoup à dire
sur ses écrits, comme il en est d'ailleurs de tous les écrivains féconds. Mais, par là même, son nom restera.

Cheikh Rouchaïd Ad-Daḥdaḥ (1813 1889).

Un autre Syrien libanais qui s'occupa de la presse est
Cheikh Rouchaïd Ad Daḥdah. Né à Aramoun en 1813, il
apprit à lire près du clerc Nouhra Morad. et fut envoyé à
Aïn Warka où il étudia l'arabe et l'italien. Il se familiarisa
avec la langue turque à Bzommar et fut nommé secrétaire
de l'Émir Amin, fils de l'Émir Béchir Chéhab, alors prince
du Liban. Il resta dans cette fonction jusqu'en 1840, date de
l'exil de l'Émir Béchir et de sa famille. Vers 1845, un inci
dent regrettable l'oblige à fuir de sa patrie. Un messager
qu'il avait chargé de quelques lettres est saisi et les lettres
confisquées. Cheikh Rouchaïd se précipite avec ses parti
sans contre les agresseurs, une bagarre s'en suit et le Cheikh,
poursuivi par l'autorité, va se cacher pendant deux ans à
Saïda, où il étudie le droit. Il prend le chemin de la France
avec l'un de ses parents, Cheikh Mir'i. Partisan des Djoublat,
après la défaite de Simkainé, vers 1835, Cheikh Mir'i
s'était enfui en France pour échapper à l'Émir Béchir
vainqueur; il s'occupa de commerce et Cheikh Rouchaïd,
s'étant associé avec lui, épousa bientôt sa fille Marta (1852).
Il étendit ensuite à Londres et à Paris son commerce qui
portait principalement sur la soie, qui baissa considéra
blement alors, ce qui lui fit perdre beaucoup et le ramena
à la littérature. Il avait publié en 1849 le Dictionnaire de
Mgr Germanos Farhat, puis les Poésies de Omar ibn Al
Farid, avec un commentaire. Et il vint fonder à Paris
(1860) en association avec Soleïman Al Haraïri, le journal
Bardjis Baris (l'Aigle de Paris). Dans les auteurs qui ont
parlé de ce journal et que nous connaissons, on est surpris
de voir que seul le nom de Haraïri est mentionné, et
pourtant Cheikh Rouchaïd en fut le principal rédacteur.

Ce fut vers cette époque que Cheikh Rouchaïd vint à Tu
nis et fut chargé par le Bey de négocier un emprunt. La

mission réussit, et Cheikh Rouchaïd put rentrer en France avec un petit capital

Puis il refit complètement sa fortune, en achetant, pour les revendre, des terrains situés à proximité des boulevards qui furent percés sous Napoléon III par les soins de Hauss mann. Créé comte romain, il alla acheter une propriété dans l'Ille-et Vilaine, qui devint la petite ville de Dinard Il y construisit un château, qu'il appela le château des deux rives, où il mourut en 1889, laissant de nombreux enfants, qui restèrent tous en France et ne virent jamais leur pays d'origine.

Il publia en 1880 un volume de *Mélanges politiques et littéraires* (*Kimatrat tawamir*), laissa deux ouvrages ma nuscrits : *la Fin de l'Orient* (*As Sayyar al Mouchrik fi bimar Al Machrik*) et un *Traité de controverse* (*Tarwih al-bal fi'l halam wa'l-mal*)

Le peu qu'il a écrit a révélé en lui un écrivain profond. d'un style sec mais serré à la manière de Joseph de Maistre, tranchant dans son dogmatisme.

Yousef Habib Bakos.

Un autre représentant de la presse arabe en Europe est Youssef Habib Bakos. Né en 1845, il est appelé en 1880 par le gouvernement italien, dit son biographe, pour rédiger et diriger un journal arabe à Cagliari, en Sardaigne. Il y fonde le journal *Al Mostakell* (l'Indépendant). En 1881, nous le voyons venir en France pour y fonder un autre journal, *Al Basir*. Il rentre en 1882, malade, en Syrie, pour y mourir dans la force de l'âge. Il n'avait que 37 ans.

A Marseille, Antoun Farès fit paraître pendant quelque temps un journal d'opposition libérale : *Al Mirçad*.

Rizkallah Hassoun publia aussi le *Mir'at al-Gharb* à Londres.

L'Émir Emin Arslan publia aussi à Paris, pendant quel que temps, un journal arabe : *Tourhia l Fatat*, organe de l'opposition libérale au régime hamidien. En somme, la Presse arabe en Europe ne présente que des essais et n'a jamais pu y prendre racine et vivre.

LA PRESSE SYRIENNE EN ÉGYPTE

C'est en Égypte que la presse syrienne se développa. En raison de la pression politique qui s'exerçait en Syrie, la plupart des écrivains avaient émigré en Égypte. C'est cette émigration qui donna l'impulsion à la presse dans la vallée du Nil, comme l'a fait remarquer M. Hartmann dans son *Arabic Press of Egypt*.

« Pour comprendre le développement de la presse égyptienne, dit-il, il faut se reporter à l'affluence des chrétiens syriens en Égypte. Le Syrien est ingénieux, logique, travailleur. Il a toujours quelque chose en vue et ne s'emporte jamais ! »

Salim Takla (1849 1892). Al-Ahram.

Après le journal officiel des *Wakaye' al Misrya*, c'est Salim Takla qui inaugure en Égypte la presse politique par son journal *Al-Ahram*.

Né à Kfarchima en 1849, il commença son instruction à l'école du village, puis il vint à l'École d'"Abeih, jusqu'en 1860. En 1863, il est à l'école nationale de Boustani et quand le Collège patriarcal est fondé en 1866, il s'y trouve comme professeur, pour en venir à le diriger. Venu en Égypte en 1875, il fait paraître en 1876 un journal heb

---

1. MARTIN HARTMANN, *The arabic Press of Egypt*, p 3.

domadaire, *Al Ahram* (les Pyramides). Quelques années après, il publie encore un quotidien intitulé *Sida al Ahram* (l'Écho des Pyramides). Il importait avec lui de Syrie les tendances françaises, qui comportaient par conséquent l'hostilité à l'Angleterre. Ce n'était point de quoi disposer en sa faveur l'occupation anglaise, et ses deux journaux furent supprimés. Il dut lui même s'enfuir, et son frère Bichara Takla Pacha, moins heureux, fut pris et jeté en prison. La tourmente passée, Salim Takla revient à la presse et publie *Al Wakt* (le Temps) quotidien qui ne fut pas plus heureux que ses devanciers et se trouva supprimé. *Al Wakt* reparaît de nouveau grâce à l'appui de la France et est bientôt remplacé par « les Pyramides » *Al Ahram*, le grand quotidien qui existe toujours.

Salim Takla mourut en 1892, d'une maladie de cœur.

La série des journaux qui vont suivre est toute de provenance syrienne et chrétienne. Il faut attendre jusqu'en 1889 pour voir apparaître le premier journal musulman *Al Mouayyad* de Cheikh'Ali Yousef.

C'est, en nous référant à la nomenclature de M. Hartmann, d'abord en 1877 *Al Mahrousa* de Aziz Bey Zind, Halil E. Nakkach et Youssef E. Asâf, politique, modéré.

En 1877, également, apparition d'*Al Watan* de Mikhaël Ef. Abdassayed, conservateur.

En 1879, *Al Ittihad al-Misri*, de Roufaël Ef. Machaka, politique modéré.

En 1885, *Al Hokouk*, de Amin Ef. Chmayel, scientifique, modéré.

En 1885, *Al Falah* de Salim Hamawi Pacha, politique, conservateur.

En face d'*Al Ahram* de tendances françaises, se dresse

le grand quotidien *Al Mouhattam*, de tendances anglaises.

Ses fondateurs, docteur Nimr, docteur Sarrouf et Cha
hin bey Makarious, anciens élèves du collège américain de
Beyrouth, avaient fondé en cette ville une revue scientifique,
Al Mohtataf, en 1877

En 1889, ils la transportent en Égypte où ils fondent en
même temps le grand organe *Al-Mouhattam*, du nom de la
montagne qui domine le Caire. Il devient quotidien en 1891

En 1890, *Al Mahahim*, de Yousef bey Asâf, scientifique,
modéré.

En 1897, *Aboul-Haoul*, de Nadjib E. Al Hadj, politique,
conservateur.

Il serait trop long de poursuivre cette énumération. Après
avoir inauguré la presse égyptienne, les Syriens y repré
sentent actuellement la majorité la plus considérable.

LA PRESSE SYRIENNE EN AMÉRIQUE

La presse arabe d'Amérique est exclusivement syrienne
et chrétienne.

Elle débuta le lendemain de l'exposition de Chicago,
avec *Kauhab Amiriha* (l'Astre d'Amérique) fondé par le
docteur Ibrahim 'Arbili et son frère Nadjib, à New-York.
Originaires de Damas, ils se trouvaient par leur père en
rapport avec les missionnaires américains. Ce n'était point
à proprement parler un organe politique; il était plutôt dirigé
à américaniser les Syriens en leur faisant mieux comprendre
le pays où ils se trouvaient. Cependant à la suite des mas
sacres des Arméniens, *Al Kauhab* éleva la voix en faveur
des opprimés, et dénonça le tyran.

Détail pittoresque, le docteur 'Arbili mène de front
le journalisme avec le spiritisme. C'est un attrait de plus
pour son journal.

La presse politique est inaugurée par *Al Ayyam*, fondé

par Youssef No'mân Al Ma'louf. Originaire de Zahlé, Ma'louf avait émigré pour des motifs politiques. Son premier soin en arrivant à New York fut de créer un organe pour servir ses idées. *Al Ayyam* fut, dès son apparition, nettement hostile au régime hamidien, et de tendances constitutionnelles. Etant donné la liberté dont il jouissait, il fut le seul journal arabe qui pouvait impunément se permettre des attaques directes et violentes, et elles ne manquèrent pas. C'était l'organe des libéraux ottomans. Khalil Ganem, qui était toujours sur la brèche, y envoyait ses articles et les communications des libéraux de Paris. Il y a environ six ans que ce journal ne paraît plus.

En 1898, apparaît le grand quotidien, *Al Hoda*, de huit pages. Fondé par Na'oum Moukarzel, il représente le plus grand organe syrien et le plus répandu.

Mir'at al-Gharb de Nadjib Diab fut fondé vers cette époque, ainsi qu'*Al Mouhadjir* d'Amin Ghorayeb qui s'est transporté depuis à Beyrouth où il publie le *Hares*.

Les journaux de l'Amérique du Sud furent plus nombreux que ceux du Nord, mais moins influents et moins solidement assis. *Al Munazer*, l'un des plus anciens (1898) est actuellement transféré au Liban par les soins de son directeur propriétaire, Na'oum Labaki. *As Salam* se distingue actuellement par son libéralisme, grâce à de jeunes écrivains de talent comme Djirdji 'Assaf et Labib Riachi.

Les journaux arabes qui ont paru jusqu'à ce jour en Amérique ne sont pas moins de trente cinq. En général leur portée est moindre que ceux publiés en Syrie, et leur rédaction moins soignée.

LA PRESSE FÉMININE SYRIENNE

Les femmes syriennes se sont surtout essayées à la publication des revues. Une seule est dans la presse quoti

dienne, c'est Mlle Salma Abi Rached, directrice du *Nasir*,
quotidien de Beyrouth. Nous empruntons, à ce propos une
notice historique sur les revues féminines, paru dans le
premier numéro de la revue *Al Hasna* de Georges N. Baz
(1909).

« Les Syriennes instruites se sont vite aperçues que la
femme orientale ne peut parvenir à la connaissance de ses
droits et de ses devoirs et élargir le cercle de ses idées que
par la presse, l'instrument le plus efficace après l'école et
les associations et c'est à cette intention et pour servir l'in
térêt public que nous les voyons entrer dans cette voie.
Mais c'est en Égypte seulement qu'elles purent trouver
la réalisation de leur rêve.

« La première femme publiciste de Syrie est Hind Nau
fel, fille de Nasim Naufel de Tripoli, auteur de deux ou
vrages : *Hifiz as-Salâm* et le *Héros du Liban*.

« En 1893, elle fonde *Al Fatal* (la jeune fille). Cette
revue est la pierre angulaire dans l'œuvre du relèvement
de la femme orientale. G. Zaïdan disait d'elle qu'elle réunit
la grâce de la femme à la force de l'homme. Ses succès en
couragèrent les autres qui la suivirent en nombre. Marie
Nahhas de Beyrouth, auteur de la *Vie des femmes célèbres*,
est la première à suivre ses traces. En dix sept ans, les revues
féminines parvinrent à quinze.

« Si ces revues n'ont pu vivre toutes, si elles n'ont point
fait face à tous les besoins, elles ont du moins contribué
pour leur part au relèvement de la femme et ont laissé des
souvenirs qu'on ne peut revoir sans émotion et reconnaissance en pensant aux difficultés multiples qu'elles eurent
à vaincre. Il ne faut point s'étonner de voir nos femmes
écrivains gagner du succès et de l'influence, car elles réunis
saient, toutes la distinction de l'esprit à celle du caractère.
L'une d'elles (Mme Vve Constantin Khouri) parvint par
son talent au haut rang de princesse et vit briller, sur sa
poitrine de femme, plus d'une insigne décoration.

« Voici les principales revues :

« 1893. *Al Fatat* (la Jeune fille), dirigé par Hind Naufel.
« 1896. *Mir'at al Hasna* (Miroir de la belle), par Mariam Mezher.
« 1898. *Anis al Djalis* (le Confident), par Alexandra Averino.
« 1901. *Al Mar'at* (la Femme), par Anissé 'Ata Allah.
« 1901. *As Sa'adat* (Le Bonheur), par Regina Awad.
« 1903. *Medjallet as Sayadât wal Benât* (Revue pour les dames et les demoiselles), par Rosa Autoun.
« 1906. *Fatat al-Chark* (La Jeune fille orientale), par Labibe Hachem.
« 1907. *Ar-Rihana* (Le Myrte), par Djamilé-Hafiz.
« 1908. *Al Djins al Latif* (Le Beau sexe) par Malaket Sa'd.

« Deux d'entre elles paraissent encore : *Fatat al Chark* et *Anis al Djalis*. Mme Averino, la directrice de la dernière est la princesse Vizinoska, Vve Constantin Khouri. »

Labibé Hachem, originaire de Kfarchima, la directrice de *Fatat al Chark*, est un écrivain distingué qui allie la grâce à la force. Sa langue vigoureuse et ferme se colore ou s'assombrit au gré de ses idées. Pas d'affectation chez elle ; une simplicité et une concision viriles au service d'une sensibilité où les grandes questions sociales trouvent un écho sonore. Son talent universellement reconnu lui valut d'être appelée à l'Université égyptienne pour y faire une série de conférences sur les questions féminines. C'est la première femme en Orient dont la parole reçoit une consécration officielle.

Depuis, outre la revue à laquelle nous avons pris les détails historiques cités plus haut, il s'en est fondé une nouvelle à Damas, *Al Arous* (l'Épouse). Marie 'Adjami, sa

fondatrice, est un de ces jeunes écrivains que leur sensi
bilité excessive pousse à chercher dans la littérature, une
consolation et un aliment. Elle souffrit, elle pleura et prit
un jour sa plume pour écrire. Ses petits chagrins, ses illu-
sions perdues, au lieu d'aigrir son âme et de pousser à la
révolte, lui donnèrent au contraire plus de douceur, d'in
dulgence, et un peu de cette sereine mélancolie qui lui dé
borde du cœur.

LA PRESSE FRANÇAISE EN SYRIE

Nous voulons parler des différentes tentatives faites par
des Syriens pour implanter, sur le sol natal, une presse
française.

Hadikat al Akhbar, depuis longtemps avait fait un
essai infructueux. *Al Arz* fit de même, sans plus de succès.
An Nasir, au jour de sa faveur, fit paraître une édition
française, qui ne put durer. Philippe Tyan lance, de son
côté, une revue qui subsiste à peine quelques mois. Girgi
Harfouch, frère du célèbre professeur Joseph Harfouch
de Beyrouth, eut aussi, pendant quelques jours, son quoti
dien.

Mais les deux organes qui s'imposèrent à l'attention
publique ce furent incontestablement la *Liberté* et le *Réveil*.
Le premier eut une existence courte mais orageuse et le
second fut plus calme et plus durable.

'Iskandar Khouri, éditeur de Beyrouth, avait déjà fondé
un grand quotidien arabe, quand il pensa à lui adjoindre un
hebdomadaire français. Il donna suite au projet et fit bientôt
paraître sa feuille qu'il baptisa du nom de *Réveil*, allusion
au nouveau régime ottoman. Clérical et modéré, cet organe
doit sa longévité à ses instincts pacifiques. Son direc
teur étant protégé français, et son rédacteur, Français lui
même, il se trouve par là soustrait à l'action directe de l'ar

bitraire, qu'il évite autant que possible de froisser. Il paraît toujours et se développe en devenant semi quotidien.

Quant à *la Liberté*, elle fut fondée en octobre 1908, par Mansour Boutros Tyan, licencié en droit, qui, vient, il y a un an, d'être enlevé par une fin prématurée. Elle avait pour devise : *La presse est libre dans les limites de la loi.*

Après avoir végété pendant quelques mois, ce quotidien allait tomber, quand une combinaison le fit passer sous la direction de M. Charles Debbas. Après une dizaine de jours Debbas lui même allait se retirer quand une personnalité du monde financier, qui s'intéresse à la littérature et s'y essaie parfois, M. J. Sursok, voulut se mettre de la partie et voilà *la Liberté* lancée à nouveau.

Son existence nouvelle ne dura que quarante jours, mais ils furent bien remplis.

Ses hardiesses commencèrent par indisposer les autorités. Le wali fit faire des observations. — « Nous n'en acceptons que par la voie des tribunaux », lui répondit le journal avec de gros caractères d'affiches.

Il n'y avait pas de quoi faire un procès, on eut recours aux tracasseries : le journal est aussitôt suspendu pour l'oubli d'une petite formalité. Au lieu de s'attarder à discuter le cas, on a recours à un ami en possession d'un permis pour la fondation d'un journal du nom d'*Al Bayan* inexactement traduit par *la Lumière*. Ainsi transformée, *la Liberté* reparaît sous cette nouvelle rubrique. Poursuite aussitôt de l'autorité. On reprend tout court la rubrique autorisée *Al Bayan* pour reparaître le second jour, avec ce manifeste en gros caractères : *Les étiquettes passent mais les idées restent.*

Toutes ces tracasseries lassaient les trois jeunes rédacteurs qui n'avaient d'ailleurs pas besoin d'excitations pour être insolents dans l'attaque. P. Kéramé, par ses *Propos d'un indiscret*, gagna le poste de caïmacam à Zahlé et se tut. Les deux autres restèrent irréductibles, et poursuivirent la lutte. A un moment donné, ils se trouvèrent avoir sur le dos le wali de Beyrouth, le Gouverneur général du Liban, la Municipalité et... les Jésuites. C'en était trop. Et pour comble de mesure, le public se laissa enthousiasmer par cette hardiesse juvénile que la presse n'avait jamais connue et qui ne tremblait jamais devant la force. Le tirage doubla et tripla.

Un jour, un ordre du Gouverneur intime au commandant de la gendarmerie de s'assurer des personnes des rédacteurs de *la Liberté*, et de les empêcher de publier désormais quoi que ce fut. Le commandant encore plus enthousiaste des hardis rédacteurs que le public, les laissa libres. Mais, le lendemain, une dizaine d'agents de police vinrent, par la force, fermer la direction du journal. Et c'est ainsi que finit *la Liberté*. On était décidé à continuer la bravade jusqu'à la prison, mais M. Sursok, effrayé de la tournure de l'affaire, se retira précipitamment. Debbas se découragea, et vint peu après, à Constantinople, pour y oublier l'injustice faite à *la Liberté*. Quant au rédacteur, après avoir poursuivi un moment la lutte dans la presse arabe, et vu fermer encore le journal où il écrivait, il se retira dans les montagnes et ne les quitta que pour venir à Paris, cherchant un coin de terre libre pour y vivre isolé, dans son indépendance.

Voici quelques extraits pour caractériser les tendances de *la Liberté* :

A propos d'une exécution

... (Le condamné) est un homme d'une trentaine d'années, de taille moyenne, avec des cheveux roux et une moustache fine. Son tarbouch noir, rejeté en arrière, laisse voir des cheveux soigneusement peignés. Il est vêtu d'un *ghoumbaz* rayé et d'une veste grisâtre Ses pieds, sans bas, sont chaussés de souliers sans talons.

Des instances réitérées sont faites auprès de la partie civile, pour qu'elle renonce à ses droits. Une somme de 20.000 francs est offerte pour cela. Tout est inutile. Alors le secrétaire du Conseil administratif lit le *firman* d'exécution, et pendant de longues minutes, de sa voix monotone et funèbre, il débite la longue kyrielle de titres et le verbiage administratif, tandis qu'un pauvre être humain est là, dans l'attente du supplice et les affres suprêmes de la mort ..

... Cette horrible et longue agonie, qu'on aurait pu épargner au supplicié, révolte la conscience. La société, si elle a le droit (droit bien contesté d'ailleurs) d'éliminer de son sein ses membres dangereux, elle n'a et ne saurait avoir le droit de leur faire subir des tortures inutiles. Si l'on pouvait lire dans les replis bouleversés de l'âme qui agonise, si l'on pouvait entendre ses cris étouffés de révolte et de haine contre ceux qui, non content de l'anéantir, la font traîner encore à travers les angoisses des longues agonies, on se sentirait gagné par l'effroi et l'on se soucierait de lui épargner, à ce passage terrible, des souffrances effroyables et les suprêmes malédictions...

A propos d'un infanticide.

... Quel est le coupable dans le crime que nous venons de signaler ? .. La loi punit la mère... Mais la suggestion du crime, qui l'a donnée à la malheureuse coupable ? N'est ce point la société par sa fausse conception, et ses préjugés accumulés, la société qui accueille avec indulgence l'infâme suborneur, et écrase du poids de son mépris la pauvre abandonnée doublement victime de la lâcheté de l'homme et de la complicité de la société ?... Anéantie par la honte, dans sa désespérante solitude, la malheureuse voit s'ouvrir devant elle, deux issues également terribles : le crime ou la prostitution. Devant cette alternative fatale, qui peut prendre sur lui la responsabilité d'un conseil ?...

... La femme est la grande victime des institutions sociales. Elle se venge sciemment ou inconsciemment de ses oppresseurs, par ces crimes que l'on constate toujours avec un frisson d'horreur, et où, comme jetée hors de sa voie naturelle de tendresse et d'amour, elle se trouve convertie en un être néfaste et terrible !...

La presse est devenue partout un formidable levier social. La Syrie la vit se développer de jour en jour pour accentuer la marche de l'évolution sociale en elle. La France ne peut négliger cette force, et doit développer, aider, encourager et protéger surtout une presse syrienne de langue française. C'est là une tâche en conformité avec la mission civilisatrice qu'elle s'est imposée, et un complément naturel et indispensable à la culture française commencée sur les bancs de l'école.

CHAPITRE III

L'IMPRIMERIE (1)

L'Imprimerie arabe en Europe.

Le 12 septembre 1514 se fit la première publication en langue arabe, à Fano (Italie) dans l'imprimerie due à Jules II.

En 1516, eut lieu, dans la même ville, la publication des Psaumes en quatre langues orientales, dont l'arabe.

Bientôt Rome se distingua par ses imprimeries arabes. La première, l'imprimerie du Collège Romain commence par la publication, de livres religieux. Cependant en 1584 elle publie la *Géographie* de Ṣalḥi.

Bientôt vinrent les publications de l'Imprimerie des Médicis : Les *Éléments de la langue arabe*, la *Kafia*, la *Géographie* d'Idrisi :

En 1593 c'est le *Canon* d'Avicenne, suivi du *Chifa* résumé dans la *Nadjât*.

Savary de Brèves, ambassadeur de Henri IV à Constantinople, grave des types à Paris et vient fonder une imprimerie à Rome. En 1613, il publie le *Catéchisme* de Bellarmin ; en 1614, les Psaumes.

(1) Ces détails historiques sont empruntés en grande partie à deux revues arabes : *Al Machriq* des PP. Jésuites de Beyrouth et *Al Hilal* de G. Zaidan, du Caire

Enfin l'Imprimerie de la Propagande qui existe encore
et dont les types servirent à l'imprimerie importée en Égypte
par Bonaparte et dirigée par Marcel.

Le développement de l'imprimerie arabe à Rome et en
Italie est dû surtout à l'active collaboration des premiers
élèves du Collège Maronite de Rome.

Après Fano et Rome, c'est Leyde qui publie de l'arabe en
1595 par les soins de T. Erpennius.

En 1613, Savary, à Paris, publie une *Syntaxe* arabe de
G. Sionite.

En 1630, à Venise. publication du Coran.

En 1632, à Milan, publication du Dictionnaire de Gig-
genis.

A Londres, en 1650, publication d'Aboul Fida ·

A Oxford, en 1651, publication par Pococke d'une *His
toire des Arabes*.

A Padoue, en 1698, publication des *Commentaires* du Co
ran, de Beïdawi, Zamakhchari et Soyouti.

A Leipzig, en 1755, publication de la *Risala* d'Ibn Zeï
doun.

A Constantinople.

En 1485, Bajazet II défend de se servir des livres imprimés
et Sélim Ier renouvelle cette défense en 1515. La langue hébraïque fut la première à être reproduite par l'impression
en Orient. Le rabbin Gerson publia un précis de l'histoire
des Juifs à Constantinople en 1490. Ce n'est qu'en 1728 que
les caractères arabes y apparaissent employés pour la langue
turque pour la traduction du *Sihah* de Djauhari.

En Syrie.

Le premier ouvrage imprimé en Syrie est le Livre des
Psaumes en syriaque et en karchouni (écriture secrète:

arabe figuré en lettres syriaques) dans un couvent du Li
ban, Kozhaya

Schnurrer dans sa *Bibliographie arabe* (p. 341) fait dater
cette impression de 1585.

On n'a pas d'autres livres de cette première imprimerie
de la Syrie. Restaurée au commencement du dix neuvième
siècle, elle est encore entre les mains des moines maronites
de Kozhaya.

Le premier ouvrage imprimé en caractères arabes est
encore le Livre des Psaumes traduit par 'Abdallah ibn Fadl
Al-Antaki et publié par les soins du patriarche Athanase
Debbas, en 1706. Cette imprimerie dura jusqu'en 1724.

L'imprimerie maronite d'Alep qui existe encore, est de
1858, fondée par Mgr Matar et Ibrahim Khaïrallah qui
avança les fonds.

Abdallah Zakher, Grec d'Alep et orfèvre de profession, se
fait catholique et se trouve obligé de fuir devant la persé
cution de ses coreligionnaires. Il vient au couvent de Mar
Hanna As Sabegh à Choueïr où se trouvaient des moines
grecs catholiques. Là, il établit une imprimerie arabe où
sont imprimés des livres de piété traduits par le P. Fro
mage, de la compagnie de Jésus. Volney donne dans son
Voyage en Égypte et en Syrie le catalogue complet de la
bibliothèque du couvent et des livres qui y sont imprimés.

Beyrouth.

Imprimerie des Grecs orthodoxes.   En 1751, les Grecs
orthodoxes de Beyrouth fondaient une imprimerie où sont
publiés les Psaumes. Mais elle est bientôt abandonnée et
ne se trouve en état de reprendre ses travaux qu'en 1845
sous la direction de Fadl Allah Azar. En 1898, elle est ven
due à Ibrahim Bey Al Aswad, propriétaire du journal
Libnân.

Imprimerie des Américains. — Fondée à Malte sous la direction de Farès Chidiac, elle est transportée à Beyrouth en 1834 par Smith et débute par une *Grammaire arabe* de Yazidji : *Fasl al khitab fi ousoul loughat al A'rab*. A la mort de Smith, le docteur Van Dyck en prit la direction.

L'Imprimerie catholique.   Les Jésuites ayant fait en 1848 une petite installation pour publier une bulle du pape aux Églises orientales, fondent en 1854 une grande imprimerie où est publié d'abord l'*Imitation de Jésus Christ* en arabe. En 1856, un *Manuel français arabe* est publié. En 1869, les Jésuites ont un moteur à vapeur, et actuellement leur im primerie est la plus grande de l'Orient, et la plus perfec tionnée. La plus belle impression faite en langue arabe est celle de la Bible des Jésuites.

Imprimerie syrienne.   Tous les travaux d'imprimerie que nous avons déjà relates, étaient directement inspirés par un but religieux. Ce sont pour la plupart des éditions des livres saints et notamment des Psaumes (1). La pre mière imprimerie fondée indépendamment de l'idée reli gieuse fut l'imprimerie syrienne de Khalil Khouri, fondée en 1857 et où se publia le premier journal syrien *Hadikat al Akhbar*. En 1859, elle publiait le Code de commerce.

L'Imprimerie générale.   Son fondateur, Yousef Chal foun, est un homme intelligent, actif et entreprenant. Il donna une grande impulsion à l'imprimerie et surtout à la presse. En 1860, lors de la Conférence internationale de Beyrouth, c'est lui qui s'occupe des publications de Fuad

(1) Les Psaumes sont en grande faveur dans le peuple qui les emploie comme premier manuel de lecture dans les écoles. Il en fut du moins ainsi jusque dans ces derniers temps où l'on vit l'inconvénient de cette méthode qui condamne l'élève à ne jamais comprendre ce qu'il lit. Des manuels plus simples furent composés, dont quelques uns portent des illustrations.

Pacha, représentant de la Turquie. En 1861, il fonde
l'Imprimerie Universelle. Sur la demande de Daoud Pacha
il organise l'imprimerie du Gouvernement Libanais. Nous
avons énuméré ailleurs les périodiques qu'il publia et aux-
quels collaborèrent tant de jeunes et éminents écrivains.
Associé un moment avec Abdal Ahad (Dominique) Khadra,
celui là, même dont parle Renan dans sa *Mission de Phé
nicie*, il ne tarda pas à céder sa part à Mgr Debs. L'Impri
merie Générale, passée aux héritiers de Mgr Debs, continue
toujours ses publications et c'est là que se publia le quoti
dien français *la Liberté*.

L'Imprimerie Universelle.   Chalfoun fonde une nou
velle imprimerie, l'Imprimerie Universelle où paraît le
journal *Al-Takaddom* en 1874 et dont nous avons déjà
parlé.

Ibrahim Nadjdjar.

L'Imprimerie Orientale.   Elle fut fondée en 1858 par
Ibrahim Nadjdjar, qui y publia son livre de voyage intitulé :
Flambeau du voyageur et amusement du lecteur « Misbah
as sari wa nouzhat al kari ».

Fils de Khalil Nadjdjar, Ibrahim est né à Deir al Kamar
en 1822. Lors de l'occupation de la Syrie par les Égyptiens,
Clot Bey, qui, sur la demande de Méhémet Ali, était venu
organiser les études médicales en Égypte, dans un voyage
qu'il fit en Syrie, demanda à avoir quelques Syriens dans
son école. L'Émir Béchir, alors prince du Liban, ami et
allié de Méhémet Ali, choisit Ibrahim Nadjdjar qui par
tit en Égypte en 1837. Ibrahim finit ses études en 1842.
Avant de rentrer dans sa patrie, il voulut revoir son bien
faiteur, alors exilé à Constantinople. Il fut reçu avec beaucoup d'égards par le prince dépossédé qui l'admit dans sa

propre maison. Ayant réussi une opération de la pierre, il se fit de la réputation à Constantinople, où il fut nommé médecin militaire et fut transféré après à Beyrouth où il séjourna jusqu'à sa mort. Il a laissé, en outre de son ouvrage mentionné plus haut, un *Traité élémentaire de physique* : (*Hadiyat al ahbab wa hidayat tal oullab*).

L'Imprimerie Moukhallesiat (du Saint-Sauveur), 1855. Elle n'existe plus.

L'Imprimerie Nationale (*Watania*), 1855.   Fondée par Djirdjis Chahin et Hanna Gharzouzi, qui fonda l'*Impri merie Libanaise*. Dirigée en 1872 par Salim Modawar, elle prit le nom de Salimié. Une partie en fut transportée à Damas en 1874 et l'autre fut vendue à l'*Imprimerie orthodoxe*.

L'Imprimerie des Arts (*Al-fonoun*).   La première imprimerie musulmane fait son apparition en 1874, fondée par 'Abdal Kader Kabbani.

L'Imprimerie des Belles Lettres. — Fondée en 1877 par Khalil Sarkis, est actuellement une des plus grandes de Beyrouth et publie depuis son apparition le journal *Lisan al-Hal*.

L'Imprimerie de Beyrouth. — Fondée en 1885 par Mohammed Ad-Dana, elle fut la deuxième imprimerie musulmane.

L'Imprimerie des Lettres. — Fondée en 1890 par Amin et Khalil Khouri.

L'Imprimerie des Fawayëd. 1891. — Fondée par Khalil Badawi, elle publie le quotidien *Al Ahwal*.

Au Liban.

La première imprimerie dans la période contemporaine est celle du couvent de Tamiche (1855). Elle ne publia que des livres religieux et fut vendue en 1882.

A la suite, le premier gouverneur du Liban, Daoud Pacha, sur les instances de Ḥanna Bey Abi Sa'b, le célèbre poète d'alors, fonda une imprimerie officielle organisée par Chalfoun, comme nous l'avons déjà dit. Le premier directeur de cette imprimerie fut Milḥem Brahim Nadjdjar de Deir al Kamar. Elle publia, outre le journal officiel du Liban, le *Livre de Kalila*. Longtemps reléguée dans l'oubli, elle en fut tirée, il y a quatre ans, pour reprendre la publication du journal officiel, rédigé actuellement par Boulos Ef. Zaïn.

L'Imprimerie d'Ehden.   Fondée en 1859, par Rouma nos. Yammin et Mgr Debs, alors simple prêtre, elle fut jointe en 1880 à l'Imprimerie Générale dont nous avons parlé.

L'Imprimerie Ottomane.   Nous avons vu déjà Ibrahim Bey Al Aswad acquérir l'imprimerie des Grecs orthodoxes de Beyrouth. Il l'appela l'Imprimerie Ottomane et y publia son journal *Libnân*.

L'Imprimerie Libanaise. — Fondée en 1894 pour la publication du journal *Ar Raouda*, par Khalil Bakhos, elle vient d'être agrandie et restaurée.

L'Imprimerie des Cèdres.   Elle fut fondée en 1895 par Philippe et Farid Al-Khazen, et publia, outre le quotidien *Al Arz*, nombre de livres intéressant dont, tout dernièrement encore, les *Documents politiques concernant le Liban.*

Le journal druse possède une imprimerie à 'Aleih.

A Damas.

La plus ancienne imprimerie de Damas est celle du gouvernement où se publiait le journal officiel *Sourya*. Elle fut fondée en 1864.

En 1864, également, fut fondée l'Imprimerie militaire, exclusivement consacrée aux travaux concernant l'armée.

L'Imprimerie Hafnié.   Nous avons déjà vu Salim Modawar transporter son imprimerie *Salimié* à Damas L'ayant cédée à Hanna Haddad, celui-ci la cède à son tour en 1882 à Mohammed Hafni, qui lui donne son nom.

L'Imprimerie Khairié. — Elle est fondée en 1880 sous les auspices de la Société musulmane de bienfaisance.

L'Imprimerie Nahdj al Sawab. — Fondée en 1880 par Habib Khaled.

L'Imprimerie Raoudat al Cham.   Fondée en 1893, par Khaled 'Ettar Hasan.

L'Imprimerie Scientifique.   Fondée en 1898, par Mohammed Hachem Al Ketbi.

Tripoli.

L'Imprimerie Behaïri.   Fondée en 1893, par Mohammed Hamet Al Behaïri qui lui a donné son nom, elle publie le journal de Tripoli, *Tarabolos al Cham.*

Après la proclamation de la Constitution en 1908, les imprimeries prirent tout à coup un développement consi dérable. Presque tous les journaux et revues voulurent avoir leur imprimerie propre. A Beyrouth seule, on peut compter actuellement une trentaine d'imprimeries, dont plusieurs sont mues à la vapeur. Les quatre plus grandes sont l'Imprimerie catholique des Jésuites, l'Imprimerie des Belles Lettres de Sarkis, l'Imprimerie Gédéon et l'Impri merie *Ahlia*.

L'Imprimerie Gédéon, quoique datant d'avant la Constitu tion, ne prit son développement actuel qu'après. Elle impri mait plus d'un journal surtout de la jeunesse libérale. C'est là aussi que se faisait l'impression de la revue française *Syrienne*.

Au Liban, nombre d'imprimeries furent fondées, trois à Batroun, une à Djébaïl, en un mot partout où se publia un journal. Ce qui porterait le nombre des imprimeries liba naises à 15 environ.

Les grandes imprimeries ne sont pas exclusivement con sacrées à l'arabe et publient dans toutes les langues.

Tripoli, Damas, Alep, Homs, Hama ont également vu se fonder un grand nombre d'imprimeries qui poursuivent encore la publication de journaux, de revues et d'ouvrages de toutes sortes.

En Amérique aussi, les Syriens ont importé l'imprime rie et lui ont donné un grand développement. Les grands journaux ont leurs imprimeries et font d'autres publica tions.

En Europe, l'imprimerie syrienne eut des représentants. A Marseille, il y eut autrefois l'imprimerie du comte Ro chaïd Dahdah. Récemment, le journal *Al Mirçad* d'An toun Farès eut aussi la sienne. Deux journaux arabes récents de Paris, *Nahdal al 'Arab*, de Moutran, et *Paris* de N. Trad, avaient de petites imprimeries arabes.

A Jérusalem.

La Palestine ,au développement intellectuel si lent, a eu pourtant dès 1846 une imprimerie fondée par les PP. Franciscains. En 1848, les Arméniens ont leur imprimerie, les Grecs ouvrent la leur en 1849. L'imprimerie des Israélites date de 1880 environ.

Deux petites imprimeries desservent les revues de *Jérusalem* et celle d'*An-Nour*, supprimée et remplacée par *Al Maḥasen.*

DEUXIÈME PARTIE

ESQUISSES DE LA VIE SYRIENNE

A partir de 1860, l'évolution s'accentue et sa marche s'accélère. L'extension de l'instruction d'un côté, et de l'autre la multiplicité de contacts directs avec l'Occident et l'émulation par imitation et par opposition vont modifier, jusqu'à les transformer, les conditions de la vie, tant sociale et intellectuelle qu'économique et politique.

CHAPITRE PREMIER

LA VIE SOCIALE ET LITTÉRAIRE

La société syrienne n'existait pas autrefois. Il n'y avait que
des groupes distincts et souvent ennemis. C'était une vaste
agglomération d'éléments disparates assemblés par la con
quête et maintenus par la terreur et la tyrannie sous la
même autorité. Chaque élément conservait jalousement ses
traditions, ses usages, sa vie propre et jusqu'à son habit,
ignorant tout de son voisin. S'il en savait quelque chose
c'était pour nourrir sa haine et exciter son fanatisme. La
société était basée sur le despotisme de la force brutale
calqué sur celui du maître. Abstraction faite de quelques
groupes d'un niveau moral plus élevé, le faible était tou
jours sacrifié et la femme dégradée et parfois ravalée à la
condition de bête de somme.

Ce n'était point seulement une situation déplorable, mais
critique, voire même désespérée. D'aucuns parlaient d'une
mort certaine : « C'est une chose trop triste, disait à ce
propos un auteur syrien en 1908, que notre jeunesse pleine
de rêves et d'espoir ne se résoudra jamais à croire. Cette
mort nous ne la consentirons jamais !... Nous travaille
rons, nous peinerons, nous dépenserons tout ce que nous
pouvons avoir de force et d'énergie, de jeunesse et d'âme,
nous sacrifierons notre vie et notre sang s'il le faut, et
cette mort ne sera pas, et notre beau soleil n'éclairera

jamais de ses rayons éclatants, cette immense ruine de la patrie syrienne (1) ! »

La volonté bien arrêtée de ne point mourir, la jeunesse syrienne qui sentait toute la lourdeur de sa tâche, avait à lutter contre l'état de chose existant, contre les divisions en castes religieuses et en castes sociales, contre les insti tutions vermoulues d'une société vieille et épuisée, pour aboutir enfin à une reconstitution totale d'une société nouvelle sur des bases solides.

M. E. Vitto (2), consul général d'Italie à Beyrouth, écri vait en date du 22 février 1904 : « Au milieu des orages qui ne tarderont pas à se déchaîner sur notre société vieille et pourrie, un rôle sera réservé à une élite bien restreinte, le rôle de la désinfection des âmes. »

La désinfection des âmes, c'était bien la tâche par laquelle il fallait commencer. En effet, fanatisme, préjugés, corrup

(1) *La question sociale et scolaire*, p. 65.

(2) E. Vitto commença sa carrière consulaire en Orient vers 1878. Lors de l'émeute d'Arabi Pacha, il se trouvait vice consul à Suez. La connaissance de la langue arabe et la sympathie qu'il inspirait firent beaucoup pour y apaiser les esprits. Consul à Alep, lors des massacres de 1895, son influence et son énergie contribuèrent à localiser la boucherie, qui ne dépassa point les portes d'Alep. Délégué de l'Allemagne, de l'Autriche et de l'Italie, dans l'affaire de Zeïtoun, la mission réussit, grâce à lui, à sauver la ville assiégée et lui obtint des conditions relativement avantageuses. Dans les troubles de Beyrouth en 1903, son attitude crâne et résolue lui valut la sympathie du peuple et le respect de ses collègues. Il mourut en 1905, dans sa résidence d'été à Araza.

L'Orient a exercé sur E. Vitto son charme, et le gagna tout entier. Sa langue, son histoire lui étaient familières. Il lui a consacré une dizaine d'ou vrages, dont le *Congrès de Zeïtoun* est un des plus importants par sa valeur documentaire.

Dans une lettre du 30 novembre 1903, il disait à propos de l'Orient :

« Les joies et les douleurs de ces contrées où l'humanité fit sa première apparition et versa ses premières larmes, où la civilisation eut son premier berceau, où Jésus vint et prêcha, où l'avenir nous cache des problèmes et des *surprises*, trouvent et trouveront toujours un écho sincère dans mon cœur et dans celui de ma famille. »

E. Vitto avait, en effet, épousé une Syrienne d'Alep d'origine italienne, qui fut la collaboratrice discrète et assidue de toute son œuvre.

Si la reconnaissance est un devoir, nous ne pouvons que rendre à Vitto et à ceux qui, comme lui, s'intéressent à notre avenir, un hommage aussi profond que sincère (K.T.K).

tion, haines fratricides, vengeance, égoïsme et paresse, tout se mêlait dans l'âme syrienne et elle se trouvait avoir le plus besoin d'être épurée, guérie et ramenée à la vie.

La première chose à combattre, c'était le fanatisme religieux qui élevait comme une barrière entre les nationalités syriennes. La lutte est ouverte par les chrétiens et bientôt leur exemple est suivi par les musulmans eux mêmes. La violence de l'effort dépassa la mesure et causa une profonde stupeur. Les clameurs, les protestations s'élevèrent, mais la partie était gagnée : la jeunesse se tendit les mains et pour elle, il y eut un terrain d'entente en dehors des temples, sur la place publique, le terrain laïque. On y va même jusqu'à caresser le rêve de laïcisation du gouvernement théocratique : « Je suis assuré, disait G. Malouf (1), que le progrès consiste à rendre tous les gouvernements laïques. C'est une œuvre ingrate que de rapporter tout à la religion comme le fait l'Orient. C'est s'éloigner de la voie du progrès et condamner d'avance l'avenir national. Tout le malheur de l'Orient vient des religions et ses prophètes sont ses fléaux. »

Cette hostilité à la religion n'est pas toujours de l'impiété. Poussée à l'excès chez les uns, elle reste chez la majorité une simple mesure préventive.

Ce n'est point tout de détruire la barrière, il faut trouver le lien de l'unité. Ce lien, c'est la langue arabe et le trésor commun des traditions antiques, l'héritage des glorieux souvenirs de l'Orient. La culture littéraire, en effet, opère la fusion dans la classe lettrée et gagne petit à petit la masse. Les relations deviennent plus fréquentes entre les diverses castes religieuses. Les besoins journaliers, la communauté d'intérêts, les avantages sentis de la paix et de la concorde créent l'unité de vue, base de l'unité nationale.

(1) *La Turquie nouvelle et les droits de l'homme*, p. 94.

La division des classes à l'intérieur de chaque groupe exerçait sa néfaste influence. Le peuple méprisé, exploité, gémissait sous le poids de la tyrannie sociale.

... Vous voyez, dit Farah Antoun dans sa *Nouvelle Jérusalem* (1), deux classes dans l'humanité, l'une heureuse et l'autre malheureuse. L'une se revêt de soie, s'orne de bijoux, habite de vastes palais, boit les vins de toutes sortes et se nourrit elle et les animaux à son service, de tout ce que la terre a de plus doux et de plus agréable. L'autre, délaissée et misérable, demande en vain un peu de pain pour sa faim et se jette épuisée sur la dure. Elle cherche un abri et n'en trouvant pas elle s'étend sous la voûte céleste, sur le pavé des rues et la poussière des grands chemins. Elle s'en va semblable aux bêtes sauvages, exposée au froid de la nuit et à la chaleur du jour...Je ne crains point pour toi l'injustice des grands,   continue l'auteur en guise de conseils donnés à un jeune lévite, — mais ce que j'appréhende, c'est la malédiction de Dieu, si jamais tu levais la main pour bénir l'humanité heureuse et bénir avec elle les injustices sociales causes de nos misères.

L'excès de corruption et d'oppression d'un côté, l'effort patient et l'instruction de l'autre ont amené la crise libératrice, et la cause démocratique a triomphé.

Les injustices sociales, F. Antoun, s'il a été un des premiers, n'est pas le seul à les stigmatiser.

Regardez, dit de son côté J. Joubran dans ses *Ames révoltées* (2), regardez ces demeures splendides, ces palais somptueux et élevés, où habitent les grands et les puissants parmi les hommes. Entre ces murailles tapissées de soie, se tient la trahison près de l'hypocrisie. Sous ces plafonds dorés, vit le mensonge marié à la duplicité. Contemplez ces monuments de la gloire, de la puissance et de la félicité, ce ne sont en réalité que des grottes où se tapit la bassesse, le dégoût et la misère. Ce sont des sépulcres blanchis, où se cache l'hypocrisie de la femme derrière le noir des yeux et le rouge des lèvres, et où l'égoïsme de l'homme et sa bestialité se voilent par le miroitement de l'or et de l'argent. Ces palais élèvent avec fierté leurs murailles jusqu'aux nues, mais, s'ils pouvaient sentir l'haleine empoisonnée qui les caresse, ils éclateraient et

(1) *Ourchalaïm al djadida,* p. 43
(2) *Al Arwah al Moutamarrada,* p 28

s'éparpilleraient dans la poussière. Le pauvre villageois les regarde avec des yeux pleins de larmes et d'envie, mais s'il savait qu'ils ne renferment pas un atome de ce doux amour dont déborde le cœur de son humble compagne, il les regarderait, avec un sourire moqueur sur les lèvres et reviendrait à son petit champ, plein de pitié. »

L'héroïne des *Ames révoltées* de Joubran, qui a quitté son mari pour suivre l'inclination de son cœur et vivre près de celui qu'elle aime, debout en face des palais ainsi décrits, expose sa théorie et ses revendications :

Ce sont les palais que je n'ai plus voulu habiter, ce sont les tombes où je n'ai point voulu enterrer ma vie, ce sont les hommes dont j'ai rejetté le joug, hommes qui s'accouplent par les corps et se détestent par les âmes et dont l'abrutissement est la seule excuse. J'ai pour eux de la pitié plutôt que de la haine, ce que j'abhorre, c'est leur hypocri sie...

Cette société dont je me suis délivrée me condamne, parce que j'ai préféré perdre son estime plutôt que mon âme, parce que je me suis détournée de ses voies ténébreuses pour porter mes yeux vers la lumière. Je suis mise au ban de la société et tant mieux ! les hommes ne con damnent que les grandes âmes qui se révoltent contre l'injustice et l'oppression. Quiconque ne préfère l'exil à l'esclavage n'a point connu la vraie liberté.

Les *Ames révoltées* de Joubran entonnent pour finir, cet hymne à la Liberté :

Des profondeurs de l'abîme, nous vous appelons, ô liberté, écoutez nous. Du milieu d ténèbres, nous levons nos bras vers vous, regardez nous. Sur la neige blanche, nous nous agenouillons devant vous, ayez pitié de nous. Nous voici devant votre trône, les corps enve loppés des habits ensanglantés de nos pères, les fronts prosternés dans la poussière des tombes mêlée à leurs restes. Nous portons les épées qui leur déchirèrent les entrailles, et les lances qui percèrent leurs poitrines ; nous traînons les chaînes qui traînèrent à leurs pieds, exhalant le râle de leurs gorges ensanglantées, élevant, dans les ténèbres de leur

(1) P. 34, *op. cit.*

(جبران خليل جبران)

J.-K. JOUBRAN.

Romancier, auteur des *Araïs al-Mouroudj*, des *Ames révoltées*, des
Ailes brisées, collaborateur de divers journaux et revues,
et artiste peintre.

Dessiné par lui-même.

prison les plaintes et les prières de leurs cœurs endoloris. Écoutez nous, ô liberté, entendez nous.

Donnez nous assez de force pour vivre, ou rendez le bras de nos tyrans assez puissant pour nous étouffer... et nous reposerons, du moins, au sein de l'éternel néant !...

Le rêve de nos jeunes écrivains c'est celui d'une société meilleure, d'une humanité parfaite, dont voici le type emprunté à la *Nouvelle Jérusalem* de F. Antoun :

Nous qui regardons dans l'avenir, nous attendons l'heure où la science changera en une humanité heureuse, l'humanité qui gémit dans la misère : Je vois l'homme marcher sur terre et sur mer ainsi que dans les airs aussi rapide que l'oiseau et porter les produits de l'industrie et de l'agriculture aux peuples éloignés. Je vois les hommes se parler d'un continent à l'autre comme s'ils étaient dans la même maison. Je vois le peuple se perfectionner avec la *machine* qu'il dirige et devenir l'associé de son patron, s'élevant au même niveau social et comblant ainsi l'abîme qui les sépare. Je vois les pauvres ouvriers devenir les maîtres des empires par le suffrage universel. Je vois venir le règne de la vraie égalité ..

Ameen Rihani donne des conseils pratiques pour cette société (1) :

Si tu es moine ou prêtre, ne va pas entretenir tes paroissiens des questions théologiques qui ont occupé saint Thomas d'Aquin et saint Augustin toute leur vie et les laissèrent mourir dans la perplexité.

Si tu es noble, jette tes titres de noblesse au feu et souviens-toi que nous sommes de la même souche et que nous avons plusieurs points de contact avec les quadrupèdes.

Si tu as des dignités et des décorations, souviens toi que Gladstone a décliné les honneurs que lui proposait la reine Victoria, et que Spencer a refusé la décoration que lui offrait l'empereur d'Allemagne. Si tu médites cela, tu trouveras bon de garder ta dignité pour toi même et de donner tes décorations pour amuser tes enfants.

Une double tendance se manifeste : l'une est le retour

____

(1) *Ar Rihaniat*, p. 54.

pur et simple vers les choses anciennes, et c'est la tendance
de la généralité des éléments musulmans ; l'autre est l'élan
vers la civilisation européenne, et c'est la tendance de la
généralité de l'élément chrétien. Cependant cela ne cons
titue pas une divergence irréductible, c'est une question de
moyens, le but on est d'accord pour le définir. C'est l'éclec-
tisme, qui s'efforce de concilier les deux autres tendances.
Car la civilisation européenne n'est pas le dernier mot du
progrès humain réalisé.

Écoutons du moins le même Rihani (1) :

... Quels sont les bienfaits de la civilisation que l'on voudrait exalter
et éterniser ? Serait-ce dans les royaumes et les républiques, qui ne
cessent de distinguer dans leurs lois le fort du faible, le riche du pauvre ?
Serait ce dans les tribunaux où l'on corrompt la conscience des juges ?
Serait ce dans les sociétés et les monopoles qui ne doublent la produc
tion que pour doubler les prix ? Serait ce dans les nouvelles lois poli
tiques qui ne s'appuient que sur la force ? Serait ce dans les armées
permanentes qui vivent des biens publics, doublent les impôts et épui
sent le peuple ? Serait ce dans l'ignorance qui ne cesse de combattre
la liberté avec le bouclier de la superstition, lorsque le glaive de la persécution est déjà brisé ?

Ces idées socialistes avaient leur écho et leurs partisans,
ils eurent un moment leur popularité et leur triomphe. A
la mort de l'Espagnol Ferrer, trois jours après l'exécution,
on représentait sur le théâtre de Beyrouth un drame dont
il était le héros. Composé en vingt quatre heures par un
groupe d'écrivains, il fut aussi rapidement appris ; Aziz
'Id, jeune acteur de talent, créa le rôle de Ferrer. Il y eut
de nombreuses protestations ; et acteurs et auteurs furent
cités devant le tribunal correctionnel, qui les acquitta.
L'affaire eut du retentissement, mais ce n'était point la
première.

Déjà en 1907, par conséquent bien avant la proclamation

____

(1) Ar Rihaniat, t. Ier, p. 74.

publiciste et orateur, auteur du *Book of Khalid*, des *Rihaniat*
(recueil de discours), collaborateur de plusieurs revues américaines.

de la Constitution qui accorda aux Ottomans la soi disant
liberté de pensée et de parole, une fête socialiste avait eu
lieu. A l'occasion du 1er mai, une trentaine de jeunes gens
d'élite, marquants pour leur instruction et leur position so
ciale, se réunirent sur la plage bien connue de Debayé. Là
des milliers de promeneurs viennent passer la journée près
des cascades, à l'ombre des arbres géants. Les manifestants
portaient une cocarde rouge qui faisait ouvrir de grands
yeux à ceux qui la voyaient. Des discours furent pronon
cés, et l'on tomba d'accord pour planter un arbre consacré
à la liberté. Mais l'impossibilité d'acquérir un terrain ar-
rêta le projet et l'on ne voulut point condamner l'arbre de
la liberté à vivre sur une terre esclave.

C'était une hardiesse qui resta pourtant impunie. Le des
potisme hamidien la toléra, mais il appartenait au régime
libéral de traîner devant les tribunaux l'élite enthousiaste
de la jeunesse pour lui faire expier une fantaisie audacieuse.

Par un hasard singulier, les trois organisateurs de la fête
de Debayé se virent obligés de quitter la Syrie : l'un s'en
alla en Amérique, l'autre vint s'abriter à Paris, et le troisième est perdu on ne sait où, sur les grandes routes du
monde.

L'un des trois, Deoud Moujaës, le principal auteur du
drame de Ferrer, expia, par la suite, ses idées hardies.
Frappé d'une condamnation à sept mois de prison, il
n'y échappa qu'en fuyant. Il dut se dérober comme un cri
minel, évitant de passer par ces places publiques où des milliers d'hommes l'avaient applaudi, et c'était ce même régime
libéral, dont il s'était fait l'apôtre, qui le pourchassait.

Pour se consoler, il vint sur la tombe de son héros, Ferrer,
et lui adressa une ode dont nous extrayons quelques vers :

Je viens à toi de la part d'une nation qui t'a connu par ta parole.

C'est à tort qu'on te croit abattu. Il n'est point mort le lionceau qui
dort.

La digue n'arrête qu'un moment le torrent qui déborde : que de digues emportées ?...

La couronne, vain hochet, ne peut sauver la puissance des rois, que de fois elle fut renversée !

La tête est la même, sous une couronne comme sous un turban.

Vaine prétention : Dieu ne couronne point les rois.

Les siècles ont passé sur ce dogme · les couronnes émigrent.

Et l'autorité reste le droit du peuple...

Beyrouth, où afflue la jeunesse lettrée du Liban, est la capitale intellectuelle de la Syrie. C'est dans son sein une telle fermentation d'idées et de sentiments qu'on a peine à s'y reconnaître. On a peine à croire l'audace des théories sociales et littéraires qui s'y développent. Cette audace a stimulé du moins cette vieille société orientale et y entretient un puissant courant qui la pousse en avant.

La femme n'a point été étrangère à ce courant, et c'est actuellement une floraison de littérature aussi bien que d'œuvres féminines. Nos auteurs féminins écrivent non seulement en arabe, mais encore en français et en anglais, non seulement en Syrie, mais aussi en Égypte, en Amérique, voire même en Europe. Elles abordent tous les genres, poésie, études sociales, romans, et ne reculent pas même devant l'art oratoire.

Mme Salma Kassab qui connaît le français et l'anglais aussi bien que l'arabe et écrit sous le pseudonyme de Salwa, s'est fait une juste célébrité dans sa conférence : les *Ames endormies*. Elle publiait, le 16 février 1912, dans le journal *Al Bark*, une étude critique sur les écoles de Beyrouth, dont nous extrayons les passages que voici :

Beyrouth est la ville des écoles, mais quelles écoles !... Quelle différence entre nos ancêtres qui ne les ont point connues et nous ?...

Autrefois les machinations s'ourdissaient à l'insu du peuple, et maintenant elles s'étalent, et le peuple entend leur lugubre harmonie d'une oreille qu'il voudrait rendre sourde. Les produits du pays suffi-

Auteur des *Ames endormies*, collaboratrice de plusieurs journaux
et revues, et notamment d'*Al-Bark* et d'*Al-Hasnâ*,
sous le pseudonyme de SALWA.

saient à ses besoins, et maintenant nos commerçants seuls vivent des produits de l'Europe, et les fils du peuple ont délaissé l'industrie et l'agriculture, et sont devenus, grâce aux écoles, des médecins, des poètes, des politiciens. ..

Mon amie, n'oublie jamais que le beau c'est l'utile, que la vie n'est point seulement des fleurs, des rêves et des sourires. Il est des soucis matériels qui voûtent le dos de ton mari ; et la santé de ton mari c'est ta vie... Le travail sérieux c'est la liberté et l'indépendance.

La liste de nos femmes écrivains est bien fournie. Voici quelques autres noms : Julia Tohmé, directrice des écoles musulmanes de Beyrouth, se fait pardonner son talent oratoire par les musulmanes recluses elles mêmes.

Anissa Saïb'a a eu la bonne idée de traduire *Corinne* de Mme de Staël.

Salwa Salamé et Mariam Zakka alimentent de leurs productions multiples les journaux et revues.

Mme Esther Moyal est la traductrice d'une quinzaine de romans en arabe.

Afifé Karam, la grande romancière sociale syrienne de New-York, collabore au quotidien arabe *Al-Hoda* de la même ville.

Mlle J. Ziadé écrit en arabe sous le pseudonyme de May, et en français sous celui d'Isis Copia. Elle a un petit volume de vers français délicieux, intitulé : *Fleurs de rêve.*

Mme J. Rahaïm, qui se trouve actuellement à Paris, s'occupe de littérature française aussi bien que de littérature arabe.

Voici un spécimen de ses pensées parues dans plusieurs organes de la presse arabe, où l'éclat de l'image ne le cède en rien à la profondeur de la pensée :

Les larmes, c'est le collier de nos espérances brisées qui se détache dans les heures sombres. C'est l'écho incarné de sentiments si profonds que la parole reste impuissante à reproduire ; ces sentiments les yeux les trahissent en ces gouttes limpides, semblables au point d'arrêt sur notre page de vie entre le présent et l'avenir.

Outre les femmes écrivains, il y a les intellectuelles qui n'écrivent point, et dont la culture n'en est pas moins brillante.

Mme Habib Pacha El Saad est une des plus distinguées du genre. Connaissant aussi bien le français que sa langue maternelle, elle aime, dans sa conversation aisée, à aborder les sujets les plus élevés et les plus variés, et tout, à travers sa parole, prend vie et forme.

Une autre belle figure, c'est Mme Sim'an Khouri Tandis que Mme Habib Pacha brille par sa culture latine, Mme Khouri est le modèle de la culture anglo-saxonne. De volonté forte, de parole énergique, elle traite tous les sujets avec une hardiesse qui n'a d'égale que son talent.

Ces intellectuelles dans notre société sont la rançon de celles qui n'ont pris a la civilisation occidentale que ses dehors luxueux, tout en conservant les vieux préjugés et la vulgarité native.

Une autre manifestation de l'activité féminine syrienne, ce sont les œuvres sociales. Multiples sont les femmes qui s'en occupent, et on les voit échelonnées à tous les degrés du niveau social.

L'une de ces œuvres, la plus ancienne, c'est la Société Zahrat al Ihsan (Fleur de charité). Fondée en 1880 par Marie Djehchân, pour recueillir les orphelines, elle dut son succès à l'active collaboration de Mme Émilie Sursok.

Élevée par les dames de Nazareth, Marie Djehchân voulut entrer dans leur couvent et se faire religieuse. Comme elle était de l'Église grecque, ses parents virent cela de mauvais œil et s'y opposèrent. Elle se vit obligée de renoncer à son projet et prit un autre chemin pour y aboutir. Elle resta grecque et s'occupa d'œuvres de bienfaisance. Après avoir fondé sa société, elle eut le plaisir de la voir prospérer, et put bientôt avoir un internat près de l'orphelinat. En 1897, elle fonda une association religieuse qui compte actuelle-

Mᵐᵉ Habib Pacha El-Saad.

ment neuf religieuses et presque autant de novices, dont
elle est la supérieure générale.

La présidente de la Société de bienfaisance est actuelle
ment Mme Émilie Sursok. Appartenant à l'une des plus
riches familles de la Syrie, Mme Sursok s'est illustrée par
ses bonnes œuvres. Peu de femmes en Syrie sont aussi
connues et surtout aussi populaires. Ses richesses et sa vie
luxueuse ne l'empêchent point de penser aux déshérités de
la vie. Hôpitaux, écoles, sociétés de bienfaisance, elle subven
tionne tout, sans oublier ses œuvres directes. Elle a enrichi
la nation grecque orthodoxe d'une multitude d'œuvres,
qu'elle ne cesse de patronner et de soutenir.

On peut encore citer Mlle Faridé Trad, directrice de
l'école Zahrat al Ihsân, et Mlle Catherine Khouri, fonda
trice de l'œuvre de secours aux tuberculeux, qui fut l'amie
et la confidente de plusieurs de nos illustrations scienti
fiques et littéraires, telles que le docteur Vartabet et Cheikh
Ibrahim Yazidji.

Une autre œuvre fort intéressante, due à l'initiative des
dames, c'est l'Asile des vieillards. Mme Dahdah, sa fondatrice, descend d'une ancienne famille du Liban, les Saad.
Mariée à Iskandar Bey Dahdah, avocat et magistrat fort en
renom, elle se tourna de bonne heure vers les œuvres
sociales. Elle mit tout ce qu'elle possédait, les avantages
de sa position sociale et morale, au service de la bienfai
sance, et, après avoir groupé autour d'elle une élite de jeu
nes femmes du meilleur monde, elle entreprit de secourir
les vieillards infirmes. Elles ne se contentent point de les
recueillir et de les mettre à l'abri de la misère et de l'aban
don, elles viennent chacune à son tour, quittant leur
société brillante, servir ces pauvres malheureux, éclairant
ainsi d'un peu de rêve et de beauté ce chevet solitaire d'une
vieillesse malheureuse.

Il est encore une foule d'autres œuvres laïques. Mais le peu qui en est rapporté ici montre combien la femme syrienne a déjà évolué.

Georges Nicolas Baz.

Plusieurs jeunes écrivains ont attaché leur nom à l'œuvre féminine. Par la parole et par la plume, dans la chaire du conférencier comme dans l'œuvre patiente de l'écrivain, ils ont rendu des services signalés.

Georges Nicolas Baz est un des plus connus. Fondateur d'une revue féminine en 1909, il s'était préparé par un long apprentissage à cette tâche délicate. Il n'a pas encore atteint la trentaine et compte déjà une dizaine d'années dans la carrière des lettres. D'une nature délicate et maladive dans sa première jeunesse, il ne fit qu'une courte apparition dans les écoles. Ses maîtres furent ses lectures, et surtout ses méditations sur les collines du Liban.

Rien de plus charmant dans notre jeune littérature que cette page qu'il consacre à un vieil arbre, à l'ombre duquel il venait s'asseoir pour méditer en contemplant la ville. Ce fut là qu'il entendit le premier appel de sa vocation d'écrivain. Car, pour lui, écrire, c'est exercer un véritable apostolat, et cet apostolat, il en ressent toute la responsabilité et en garde tout le sérieux. Parmi nos jeunes écrivains que souvent le besoin d'originalité entraîne aux bizarreries, il reste le plus pondéré et le plus consciencieux. Sa vie simple, laborieuse, peut servir de modèle à tout jeune homme qui veut servir un idéal et rester pur de toute tache et de toute servitude.

Jusqu'ici, il n'a traité que des questions sociales. Son livre : *L'Enfant est l'Œuvre de l'éducation*, solidement pensé et patiemment élaboré, pourrait servir à ramener dans la bonne voie notre enseignement dévoyé. Dans *les*

Mme ISCANDAR BEY DAHDAH,
Fondatrice de l'Asile de la vieillesse à Beyrouth.

Méfaits de la civilisation, il étudie notre société et les ma
ladies qui la menacent, et, sans condamner la civilisation
pour ses *méfaits*, il s'efforce d'en atténuer la portée, en les
analysant. *L'Influence de la femme, la Littérature, les Jeunes
gens et la santé*, sont de petits opuscules qui témoignent
encore des préoccupations du jeune écrivain. Il a collaboré
dans presque tous les journaux et revues arabes.

Ses études sur la femme témoignent d'une profonde
connaissance psychologique et d'un grand souci moral.
D'un œil jaloux il suit le mouvement féminin et féministe
général et en rend compte dans sa revue, qui est comme
une petite encyclopédie féminine, où toutes les femmes de
lettres arabes tiennent à écrire. C'est une carrière qui promet un brillant avenir.

En dehors de ce mouvement qui est propre au Liban, y
compris la ville de Beyrouth, il y a à signaler une évolution
importante et grosse de conséquences dans le milieu
musulman chi'ite de Saïda et de Djabal 'Amel qui la
domine.

Un groupe de jeunes gens d'une instruction sommaire,
telle que leur milieu conservateur et traditionnaliste le com
portait, virent à leur contact avec la société instruite, tout
le désavantage de leur position. Ils voulurent refaire leur
instruction et se mettre au niveau du milieu intellectuel
qui s'agitait en face d'eux et les fascinait par les miroite-
ments multiformes de ses manifestations. Ils se remirent à
l'étude : celle des langues étrangères (c'est la clef de l'ins
truction), puis de l'antiquité arabe et musulmane, des
sciences, de la littérature orientale. Forts de leur travail et
de leurs connaissances acquises, ils se lancèrent dans l'apos
tolat intellectuel. L'un d'eux, le plus actif et le plus cou
rageux, Ahmed Aref Al Zeïn, fonde une revue *Al Irfan*, qu'il
lance dans le monde musulman, surtout chez les Chi'ites,
jusqu'alors fermé à toute influence étrangère. Puis il fonde

une grande imprimerie et bientôt un journal. Rien qu'à ouvrir
sa revue, on peut se convaincre de l'effort et de la bonne
volonté de ce jeune homme qui n'a pas atteint la trentaine.
Ses heures libres, quand il en a, il les emploie à se perfec
tionner dans la langue française. Aidé par ses amis de
Djabal 'Amel, il a entrepris de relever le peuple Metwali
de son abaissement, de le délivrer de l'oppression des puis
sants qui l'exploitent. Avec une patience digne d'admira
tion, ils tirent de l'oubli leur histoire, leurs traditions et
leurs gloires nationales. Leur enthousiasme revêt un caractère
de sincérité et de conviction touchante, et l'inspiration
poétique leur vient en pensant aux merveilles des inven
tions scientifiques. Cheikh Ahmed Rida de Nabatié leur
consacra une ode restée célèbre :

L'astronomie, dit il, a fait de si grands progrès qu'elle a rapproché de
nous les belles faces des étoiles célestes.

Que d'étoiles cachées n'a t elle pas révélées à ceux qui les contem
plent, que de corps éloignés n'a t elle pas rapprochés ?

Tu vois la lune à deux pas de toi, vieillie déjà, quoique rappelant par
son sourire fané celui de l'amant.

Décrépite, elle embrasse l'espace dans son tour et engendre les jours.

Puis l'auteur parle de l'électricité et de la vapeur, exalte
Pasteur, le sérum, la chirurgie, le vaccin, etc. Il voit l'idéal
dans la civilisation occidentale.

Le plus civilisé, dit Ameen Rihani dans son nouveau roman philosophi
que, ce n'est ni l'Européen ni l'Oriental, c'est celui qui choisit, dans les
qualités de l'un comme de l'autre, les avantages du génie européen et
ceux du prophète asiatique... Si les recherches scientifiques s'effor
cent par les inventions nouvelles de rendre le corps de l'homme plus
pur, plus sain, plus fort et plus heureux, les inspirations de l'Orient,
par leurs beautés antiques et leur spiritualité, portent l'âme à la paix et
à la quiétude auxquelles elle aspire (1).

(1) *The Book of Khalid*, New York, octobre 1911, chez Dood Mead
Company, p. 246 et suiv.

Mlle J. ZIADÉ,

Fille du notable libanais Skandar Ef. Ziadé.

(Photographie communiquée par le Dr Joseph Ziadé, à Paris.)

CHAPITRE II

LA VIE POLITIQUE EN SYRIE

La Syrie ne saurait avoir, à proprement parler, une vie politique particulière, n'étant qu'une province. Elle participe encore moins à la vie de la capitale, qui s'en trouve aussi éloignée par sa position que par ses intérêts propres. La différence de langue est un autre mur de séparation. La langue turque a été et est toujours très peu connue en Syrie, elle inspire peu d'enthousiasme à la jeunesse, qui préfère apprendre les langues étrangères. Le génie turc manque de prestige et de force assimilatrice, et son malheur voulut qu'il eût affaire à un génie qui lui était supérieur socialement et moralement. Ce qui fait que jamais l'élément turc ne pourra faire œuvre durable sans la tyrannie, s'il n'a recours à la décentralisation qui permet à chaque groupe ethnique de vivre sa vie propre.

Sous le régime absolu, la Syrie eut à souffrir, comme toutes les autres provinces. Les Syriens se trouvaient rarement associés au pouvoir. Ceux d'entre eux qui, sous le régime hamidien, occupèrent des postes importants, le durent plutôt à la faveur et ne purent en user que comme une grâce. Cependant, peu après 1860, un courant de vie politique intense se manifesta dans les idées. Il était dû plutôt à l'ébranlement causé par le contact de l'Europe. Les journaux et revues de l'époque en sont de précieux documents. Ce fut une préparation et une initiation. Nous avons déjà vu les principaux noms qui ont émergé et sont restés : Boustani, Iskandar Al Azar, Adib Ishak, Salim Takla, etc.

Lorsque l'ouverture du premier Parlement eut lieu en 1876, les députés syriens ne furent pas des moins influents. Khalil Ghanem, qui possédait également bien l'arabe, le français et le turc, avait occupé d'importantes fonctions avant de siéger à la Chambre. Éloquent, courageux et enthousiaste, il se signala par ses hardiesses, qui ne purent malheureusement pas durer, et le Parlement fut dissous. Il vint en Europe et poursuivit la lutte, jusqu'à ce qu'il mourût enfin sur la brèche, avant de voir la reprise du régime parlementaire. Il écrivit longtemps dans la presse française et laissa après lui plusieurs œuvres remarquables surtout en politique. Les *Sultans ottomans* sont une étude sérieuse et raisonnée. Si nos jeunes gouvernants prenaient la peine de la feuilleter, ils y verraient plus d'une utile indication pour guider leur politique. Mais, maintenant qu'ils sont au pouvoir, ils n'ont que faire des conseils trop sincères de ceux qui furent leurs principaux chefs comme le grand Ghanem, qui firent, seuls, leur popularité en Europe et dont le souvenir doit leur peser comme un remords. Aussi a-t il été toujours systématiquement écarté. Si la Syrie n'avait donné à la cause libérale que Khalil Ghanem, ce serait déjà beaucoup, mais bien d'autres, modestes et plus obscurs, se lancèrent dans la vie politique, lui sacrifiant leur repos et leur tranquillité. L'Égypte, l'Amérique et l'Europe les accueillirent tour à tour, et ils s'y consolaient en cultivant les lettres.

L'évolution politique et libérale a été plus considérable en Syrie que partout ailleurs dans l'Empire ottoman, si l'on veut s'en rapporter aux documents sérieux et à la culture sociale. Ce qui fit qu'au premier jour de la procla mation du régime libéral, la Syrie présenta le spectacle le plus intéressant d'une vie politique intense, ce qui ne peut provenir que d'une longue préparation.

L'enthousiasme que déchaîna l'avènement du régime libéral fut indescriptible. Du coup, toutes les divisions tombèrent, les haines séculaires s'éteignirent et, dans le lointain doré de rêve, on crut à la réalisation future de l'âge d'or. Dans les rues, les hommes s'embrassaient fraternellement et l'on vit même un cheikh en turban dans les bras d'un prêtre chrétien. Des jeunes gens, hier encore inconnus de la foule, montèrent dans les tribunes improvisées des places publiques et firent frémir le peuple d'enthousiasme dans leurs chaudes improvisations. Jusqu'alors, surveillés par le despotisme, désespérés et près d'étouffer dans la lourde atmosphère qui pesait sur tout l'empire, ils n'avaient fait qu'écrire pour une élite peu nombreuse et préparer dans le secret de leur âme leurs harangues futures. D'un seul élan, ils s'élancèrent dans cette voie et entraînèrent le peuple jusqu'à se faire porter en triomphe. Leur hardiesse longtemps comprimée ne connut pas de bornes, et le peuple leur pardonnait tout, comme l'on fait pour un enfant gâté. Trois furent les plus connus, Cheikh Moustafa, Ghalaïni, Daoud Moujaës et Félix Farès.

Ghalaïni, jeune cheikh musulman à idées libérales, hésita d'abord avant de se lancer dans l'improvisation, tâtonna un moment et finit par s'y habituer au point que partout où l'occasion se présentait, il la saisissait au vol. Sa parole est lente, mesurée, un peu terne, mais ferme et énergique. Ses conclusions sont pratiques. S'il a moins de hauteur et d'éclat, le but qu'il ne perd jamais de vue lui donne une force telle que la masse qui l'entend se trouve comme entre ses mains. Son action oratoire négligée et gauche fait mieux ressortir la force de sa volonté et cet entêtement propre aux caractères convaincus.

La première fois que Daoud Moujaës improvisa sur la place publique, ce fut à l'occasion de la fête de l'intronisation d'Abdul Hamid. Rédacteur en chef de la revue *An-Nour*, il s'était fait une célébrité par ses hardiesses d'opinion et son style énergique. L'émir Chékib Arslan, écrivain, poète et homme politique connu, venait de haranguer la foule du balcon de l'ancienne banque de Beyrouth sur la place publique. Les amis de Moujaës l'entourèrent et le portèrent comme malgré lui au haut du grand escalier de la banque. Il chercha en vain à s'esquiver et, ainsi acculé, il se résigna. La foule tirait des feux d'artifice et des coups de feux en signe de joie; de son sein s'élevait un grand tumulte : « Faites taire tous ces barbares !... » dit *ex abrupto* l'orateur. Le tumulte cessa comme par enchantement. L'émir Chakib, suivant l'ancienne habitude, avait adressé ses hommages au Sultan avec les éloges d'usage.

Ces feux d'artifice, dit Moujaës, ce tumulte joyeux ramènent dans ma mémoire avec une force, à laquelle je ne puis résister, cette affreuse harmonie des râles des agonisants, qui s'élevait naguère du fond du Bosphore, et maintenant que nos chaînes sont brisées, que nous sommes libres, la première pensée qui me vient c'est celle des victimes qui sont tombées pour nous affranchir, qui ont teint de leur sang notre liberté aussi bien que le front du tyran qui leur décerna la palme du martyre...

L'orateur se laissa aller à son improvisation, stigmatisant le tyran et la tyrannie. C'était plus que dangereux, Abdul-Hamid était toujours sur le trône, ses amis autour de lui voulaient, mais en vain, l'arrêter. Les applaudissements du peuple le grisaient et lui faisaient un rempart contre l'hostilité des représentants du gouvernement. Il commença ainsi par un coup d'éclat et soutint son triomphe.

Un autre discours faillit lui coûter la vie, sans le dévouement d'une jeune fille. C'était à la Mo'allaka de Zahlé. Le paysan de cette région est le plus exploité et le plus mal

DAOUD MOUJAÈS.

Orateur et écrivain politique, ancien directeur de la revue *An-Nour* et du journal *Al-Hourriet*, et auteur de nombreuses poésies, sous le pseudonyme du « Poète inconnu ».

FÉLIX FARÈS.

Poète et orateur politique, auteur des *Confidences aux femmes de Syrie*, directeur du *Lisan al-Ittihad* et collaborateur de plusieurs autres journaux.

DJAMIL BEY MA'LOUF.

Écrivain politique, auteur de *la Turquie nouvelle et les droits de l'homme*, ancien rédacteur du journal *Al-Ayyam*, collaborateur de plusieurs journaux et revues arabes.

GEORGES-NICOLAS BAZ.

Écrivain social, auteur de *l'Enfant est l'œuvre de l'éducation*, des *Méfaits de la civilisation*, de *l'Influence des femmes*, de *la Littérature*, de *la Jeunesse et la santé*, directeur de la revue *Al-Hasna*, collaborateur de la plupart des revues arabes.

heureux ; son patron d'un côté, l'impôt de l'autre, et par
dessus tout le brigandage, lui font un sort intolérable,
mettant sans cesse sa vie, ses biens et son *honneur*, c'est-
à-dire ses femmes et ses filles, à l'entière discrétion de
petits despotes sans foi ni loi. Dans une vaste place, une
foule immense était assemblée. Les personnes de la *bonne*
société, pour être plus près de l'orateur et mieux entendre,
refoulaient le peuple, qui s'entassait comme une masse
compacte.

Laissez venir près de moi, s'écrie l'orateur, les travailleurs de la terre,
c'est d'eux et pour eux que je parle, fils du peuple, je suis resté et
reste toujours du peuple, et mon âme est sensible à ses misères. Si nous
acclamons avec enthousiasme la liberté, c'est parce qu'elle vient déli
vrer le peuple, le peuple qu'on exploite et qu'on tyrannise, et non content de le voir mêler ses larmes et ses sueurs à cette terre qu'il rend
féconde, on veut encore l'arroser de son sang et du sang de ses filles...

C'était pour la première fois que le peuple s'entendait
défendre en public.

Ce ne fut point de l'enthousiasme, mais du délire. Des
cris, des mains calleuses et noires qui s'agitent, puis le
silence coupé par la voix émue de l'orateur.

Mais, dans la foule, il y avait aussi ceux qu'on attaquait,
naguère habitués à l'adulation. Leur rage haineuse était
égale à l'enthousiasme général. Le serviteur de l'un voulut
venger son maître. « Ce sera son premier et dernier
discours, » dit-il sourdement en désignant l'orateur, et
il s'élança à travers la presse. Une jeune artiste, Octavia
Covas, l'entendit et parvint avant lui près de la tribune.
L'assassin est arrêté au moment où, tenant son arme, il
allait se jeter sur l'orateur qui quittait la tribune au milieu
des applaudissements et des acclamations.

Moujaës possède un organe souple et puissant, une figure
expressive ; mais son geste est sans grâce et son attitude
gênée. Sa puissance vient surtout de son expression forte

et pittoresque mise au service d'une âme passionnée Son éloquence est celle du tribun, s'étalant parfois en belles périodes pour suivre le rythme de la pensée qui se déroule, et parfois simple et brusque, inculte comme son talent. Son manque de connaissances générales, loin de lui nuire, le laisse au contraire plus accessible à la foule. Longtemps mêlé aux hommes politiques, aux écrivains, il acquit dans ce contact des connaissances qu'il sait exploiter. Sa pro fonde conviction est tellement ancrée en lui qu'elle res semble plutôt à l'entêtement, et sa sincérité redouble la force de son raisonnement. Il fut peut-être l'écrivain-orateur le plus populaire parmi la jeunesse et le plus influent. Ses hardiesses furent pour beaucoup dans son succès, mais ce succès précoce lui aura été funeste au point de vue du perfectionnement de son talent. La popularité lui vint trop tôt et trop jeune, et l'empêcha de se bien outiller pour laisser après lui œuvre durable. C'est d'ailleurs le malheur de nos jeunes écrivains, dont les avantages, loin de leur servir, leur deviennent funestes par le succès facile qu'ils leur procurent, et dont ils se grisent. Les belles espé rances qu'ils font naître ne donnent point de fruits et se fanent sous les lauriers.

Félix Farès, qui s'était déjà signalé dans le monde littéraire par ses poésies mélancoliques, se révéla du coup orateur parfait. Il a l'éloquence, l'abondance, la souplesse de l'organe, du geste et de toute la personne. Fils d'un écrivain arabe, Habib Farès, connu pour ses écrits politiques re tentissants, et d'une mère d'origine suisse d'une grande élévation d'âme et de vie, il fit son instruction au foyer familial. Son père lui apprit l'arabe et sa mère le français. Il s'occupa longtemps de la littérature française, qui l'atti rait par son irrésistible charme, s'efforçant de faire passer ses beautés dans la littérature arabe. C'est là d'ailleurs le reproche qu'on lui adresse: l'inspiration étrangère. Il est vrai qu'il commença par avoir un style assez embarrassé, une pensée parfois flottante et vague, je ne sais quoi de mal digéré. Les linguistes vont même jusqu'à dire qu'il outrageait la grammaire. Mais tout cela se trouve racheté par bien des qualités : le don de l'émotion, l'imagination, le sens de l'harmonie, la variété, la richesse de l'idée et de l'image, et quand, orateur improvisé, il parut pour la première fois dans la tribune du peuple, il excita partout l'enthousiasme débordant. C'est l'orateur à la mode. Fécond, inlassable, il va jusqu'à dix et quinze improvisations par jour. On s'est tellement habitué à lui, qu'il est devenu comme l'élément indispensable à toutes les manifestations et à toutes les fêtes.

D'une taille au dessus de la moyenne, d'un extérieur imposant, son action oratoire est des plus soignées. Son regard brillant, sa physionomie expressive et mobile, son geste artistique, sa pose aisée, son élégance, tout, en lui, exerce un charme irrésistible sur un auditoire impressionnable tel que l'est le public oriental. S'il n'a point l'éloquence inculte et concentrée de Moujaës, qui coule comme une lave, s'il n'a point l'imprévu et la touchante naïveté de Ghalaïni qui enlève le peuple, il a ce qu'ils n'ont pas : l'abondance et l'art, l'imagination et la période, l'aisance et l'entraînement. Ses défauts, que le linguiste relève, n'apparaissent point au peuple, qui ignore la grammaire et ne demande qu'à être enthousiasmé, et en cela Farès réussit toujours.

Ces trois orateurs représentent la jeunesse libérale. D'autres sont aussi connus : poètes comme Chebli Mollat, conférenciers comme Daoud Bey Nakkach, mais les trois premiers ont apparu avec l'avènement du peuple et lui durent leur succès.

L'exemple donné par la ville de Beyrouth fut suivi. Les

manifestations, les ovations, les discours se faisaient écho d'un bout de la Syrie à l'autre. L'armée était partout fêtée et acclamée, on l'invitait à des banquets splendides ; ceux de Jounieh, de Souk al Gharb, et de Damour au Liban firent sensation.

Mais le concert joyeux ne dura pas longtemps, et bientôt vint la désillusion. L'œuvre libérale n'avançait pas, on procédait par demi-mesures. Puis vinrent les jours critiques : les boucheries d'Adana, l'insurrection du 13 avril, et l'état de siège proclamé dans la capitale, la déposition du sultan, Abdul-Hamid, l'avènement de Mehemet Réchad... Et les réformes se faisaient toujours attendre.

C'était une situation favorable à exploiter pour hâter l'œuvre de fusion dans la masse hétérogène de l'empire et l'occasion perdue ne s'en présentera plus. Les unionistes crurent avoir tout fait en fondant des loges maçonniques pour consolider leur influence. Un parti qui prétend diriger un empire, ne peut se contenter de cette seule force. D'ailleurs, nous ne savons si c'est la maçonnerie qui dicta toutes les mesures prises contre la liberté individuelle et la presse, si c'est la loge qui maintint la servitude de la femme, et lui impose de force ce voile noir qui obscurcit son âme et son intelligence plus encore que son regard en interceptant la lumière du jour.

La Syrie a eu ses jeunes écrivains politiques comme elle a eu ses orateurs. En dehors des multiples écrivains de la presse, qui comme Emile Khouri, Béchara Khouri, Mohy-d Din Khayyat, Mohammed Kurd-'Ali, se sont fait une juste célébrité, nous avons eu d'intéressants auteurs, tels que Chaikh Chahin Al-Khazen dans ses *Trésors enfouis du Liban*, Youssef Saouda, dans ses *Études sur le Liban*, Djamil Bey Ma'louf, dans sa *Turquie et les droits de l'homme*.

Djamil Bey, qui avait appartenu longtemps à la presse

libérale d'Amérique, également versé en arabe et en turc, et parlant le français, l'anglais et l'espagnol, est un jeune écrivain qui a longtemps observé notre régime gouvernemental. Dans son ouvrage *la Turquie et les droits de l'homme*, il étudie les causes de la décadence de l'Orient, l'esprit d'imitation qui nous envahit, et distingue le bon du mauvais, ce qui est à prendre et ce qui est à laisser. La base de la réforme sociale c'est l'enseignement et il en fait une critique acerbe et conclut à la destruction totale de notre œuvre scolaire. L'ardeur de l'auteur l'emporte et mainte nant que le premier enthousiasme s'est apaisé, il en jugera plus équitablement et saura reconnaître quelques mérites à notre enseignement. Sa critique de la Constitution est autrement fondée. Étudiant cette Constitution hâtive qu'un seul homme avait élaborée, il y a une trentaine d'années, et qu'on était pressé de promulguer pour se soustraire à la pression politique de l'Europe, il la montre comme n'émanant pas de la volonté du peuple, et n'étant par conséquent pas une œuvre de la liberté. La liberté dans ces conditions, peut elle avoir une existence durable en Orient ? Pourra-t-elle résister à la réaction possible ? Sera t-elle assez forte pour tout unifier, races et confessions religieuses ?...

Dans le nouveau parlement turc, la Syrie se trouve bien représentée. L'émir Mohammed Arslan qui donna son sang pour défendre la Constitution, était un jeune et beau talent qui promettait beaucoup, et se trouva trop tôt moissonné. Mais il n'est jamais trop tôt pour mourir glorieusement. Zehrawi Efendi, député de Hama, est une de ces belles figures arabes taillées à l'antique, qui allient le courage des ancêtres à leur éloquence et à leur fierté. Seul il tenait tête au parti gouvernemental sans jamais se laisser gagner ou intimider. Le peuple a pour lui plus que de la sympathie et de l'estime, il en a le culte.

Boustani Efendi, député de Beyrouth, qui passa au Sénat

était bien le représentant de la capitale intellectuelle de la
Syrie. Polyglotte remarquable, il possède un savoir ency-
clopédique. Nous l'avons déjà vu journaliste politique et
continuateur de l'œuvre de Boutros Boustani. Depuis il ne
cessa de cultiver la littérature et la poésie. Il conçut et
mena à bonne fin, après dix ans d'efforts, l'entreprise har
die de faire passer en vers arabes, l'*Iliade* d'Homère, ma
riant ainsi l'antiquité grecque et l'antiquité arabe. Car cette
traduction met en parallèle continuel les deux poésies
arabe et grecque et la vaste érudition de l'auteur aidant, on
y trouve un tableau complet des deux civilisations.

Boustani Efendi est le savant modeste, le politique sincère et sans parti pris qui préfère rendre des services à son
pays plutôt qu'à sa personne. C'est le conseiller éclairé au
quel on a recours dans les heures critiques. Il se met au-
dessus de tous les partis qui ne peuvent que rendre hommage à son mérite et à son désintéressement.

FUNÉRAILLES, A BEYROUTH, DE L'ÉMIR MOHAMMED ARSLAN.

Député à la Chambre ottomane, assassiné à la contre-révolution du 13 avril 1909.

CHAPITRE III

LA VIE POLITIQUE AU LIBAN

Le Liban jouissait, dès avant la Constitution, d'une certaine liberté. Grâce à son organisation propre, l'évolution y a été la plus avancée de toute la Syrie, et c'est le Liban qui donne à Beyrouth la physionomie animée et caractéristique qui en fait une capitale intellectuelle.

Avec le régime de Mouzaffer Pacha, nommé gouverneur en 1902, le Liban entra dans une phase nouvelle. La cause démocratique fit un grand pas. Mouzaffer Pacha avait les qualités et les défauts du militaire. Il eut le tort de se croire encore à l'armée dans sa nouvelle administration. Très défiant et pourtant facile à tromper, il eut le malheur d'être entouré par un cortège de fonctionnaires intéressés, rompus au métier, qui le perdirent et accumulèrent faute sur faute. Tant que les affaires, avaient une direction unique, tout allait bien, mais quand l'unité se brisa, tout alla à la dérive.

En arrivant, Mouzaffer Pacha avait placé, à la tête du conseil, une personne de grande capacité politique et administrative, Habib Pacha El Saad. Descendant d'une ancienne famille qui jouissait de la sympathie populaire, et qui avait donné plusieurs consuls à la France en Orient, il ajoutait à cet avantage celui d'une culture soignée et de capacités naturelles remarquables. Souple, adroit, insinuant, maniant aussi bien la parole que la plume, toujours maître de lui-même et impénétrable, il aurait fait en d'autres pays un diplomate hors de pair. On lui reprochait un peu de faiblesse et de complaisance. Cependant, il ne faut pas oublier que de par notre Constitution, le gouverneur est tout et le reste n'est rien. Le fonctionnaire, quelle que soit sa faveur ou son influence, ne peut avoir aucune initiative, parce qu'il est toujours sous le coup de la menace. C'est là d'ailleurs que vint échouer Habib Pacha. Lorsque tout en faisait une *persona grata* auprès du gouverneur, il reçut un mot, lui intimant de garder la maison, et c'est ainsi qu'il quitta le poste de président du Conseil par la seule volonté du gouverneur. Cette décision inconsidérée, Mouzaffer Pacha dut la regretter, car elle laissa un grand vide autour de lui.

Mouzaffer Pacha mourut vers la fin de son mandat au Liban, en 1907, frappé d'une grande impopularité, qu'il n'a point méritée. Si l'on veut être impartial et voir les actes qui portent, et non l'aspect superficiel des choses, on peut dire que Mouzaffer fit du bien au Liban. Il affranchit sciemment ou inconsciemment le peuple de la double tutelle des notables et des fonctionnaires, il lança les idées de réformes, qui porteront tôt ou tard leurs fruits. Il aima sincèrement la jeunesse, et l'introduisit dans l'administration, causant ainsi la stupéfaction des détenteurs privilégiés des hautes fonctions, stupéfaction qui n'a pas encore cessé.

Yousouf Pacha, fils de Franco Pacha Koussa, deuxième gouverneur du Liban, succéda à Mouzaffer en 1907 et suivit une ligne de conduite diamétralement opposée à celle de son prédécesseur. Il revint au régime des privilèges et des favoris, tint à l'écart la jeunesse, et tout entier aux petites misères de parti, s'entoura d'hommes vendus à sa cause et négligea les intérêts du pays. Sa période n'est qu'une longue suite de désordres qui ensanglantent partout le pays.

S. E. Habib Pacha El-Saad,
Ancien Président du Conseil libanais.

Peu après son arrivée, on procédait à Gazir à une petite fête à l'occasion de la fondation d'une société démocratique.

Le gouverneur sans aviser son représentant, le caïmacam, qui était alors Sélim Bey Ammoun, expédie une troupe de soldats qui s'empare par surprise de tous les notables de Gazir, sous l'absurde inculpation d'avoir voulu couronner un roi. Sélim Bey Ammoun proteste et, voyant qu'on faisait peu de cas de ses protestations, il démissionne. Ce premier acte d'arbitraire jeta un grand discrédit sur le nouveau régime. La criminalité augmenta, et le gouvernement perdit de son prestige. Les soldats libanais dans le Nord sont insultés, battus, et dévalisés par une bande de brigands. Pour venger l'honneur militaire outragé, le gouverneur destitue les soldats victimes. C'est en vain que son caïmacam Habib Bey Bitar proteste et demande des forces. Il lui répond qu'il n'a qu'une chose à faire, c'est d'obéir.

Lors des élections au Conseil administratif pour le district du Koura, le gouverneur s'était affiché avec un candidat, Cheikh Fouad Al Azar : qu'il soutint jusqu'au dernier moment. Alors faisant volte face il se tourne contre lui.

Ses partisans comptant sur l'appui du gouvernement se trouvent tout-à coup en face de la force militaire qui leur barre le chemin. Dans la fusillade deux officiers tombent ainsi que d'autres victimes. Alors grand déploiement de force. Les soldats turcs joints aux soldats libanais, arrivent et arrêtent tous les notables de la province. Les prisons en sont remplies, et comme à Gazir, les prévenus sont acquittés, grâce à des interventions plus ou moins licites.

Un régime de terreur pesait sur le pays, et la réprobation était générale, lorsque la Constitution fut proclamée. Se basant sur l'état privilégié du Liban, le gouverneur maintenait le régime absolutiste. Mais le pays en était las. Au mois de septembre 1908, pendant que le Gouvernement central siégeait à Beit ad-Din, sa résidence d'été, une grande conférence avait lieu à Beyrouth, réunissant les principales personnalités du pays, qui se liguèrent pour adresser au gouverneur une énergique protestation. Une députation d'une cinquantaine de personnes, représentant l'élite intellectuelle et sociale, se constitua et l'on marcha sur Beit ad-Din.

Il y avait deux courants d'idées dans les manifestants : les uns, sincères à moitié, voulaient faire la chose pacifiquement, les autres voulaient une manifestation nettement populaire et énergique. C'était l'idée de Sélim Bey Ammoun. Mille cinq cents hommes se réuniraient à Aley de tous les côtés du pays et marcheraient sur Beit ad Din, pour ne la quitter que lorsque tout se serait arrangé au mieux dans l'administration. La première idée prévalut, et Sélim Ammoun s'abstint de prendre part à la députation. Au dernier moment, deux jeunes gens vinrent le trouver dans sa résidence, à Bordj Ḥammoud près de Beyrouth, et le supplièrent de venir : « J'ai promis de marcher à la tête du peuple, et je ne vois pas le peuple dans toute cette longue députation. Je ne me hasarderai point sans avoir une force avec moi, et cette force c'est celle du peuple. — Nous prenez-vous donc pour rien ! lui répondit l'un des deux jeunes gens. Ne sommes-nous plus du peuple si nous ne conduisons plus la charrue et si nous n'avons point des mains calleuses. Marchez et vous verrez bien si nous sommes une force, et nous verrons qui sera le plus audacieux ! C'est, dit Ammoun, une manifestation condamnée à échouer, parce qu'elle est menée par des personnes intéressées, et je ne risquerai jamais une popularité, péniblement acquise, pour servir de mesquins intérêts. »

Ammoun resta dans son fier isolement. Mais la députation alla à Beit ad Din. Le Gouverneur avait concentré autour du palais toutes les forces dont dispose le Liban, avec des renforts de la garnison turque de Beyrouth. Plus

de sept cents soldats étaient sous les armes. La députation
fut reçue au grand salon. Habib Pacha El Saad, qui prit
la parole au nom de tous, s'adressa au Gouverneur en français. Le Gouverneur l'interrompit, lui demandant de parler
en arabe. Ce qu'il fit. Après les compliments d'usage, il
voulut en venir aux demandes de réformes, sujet de la
députation. Le Gouverneur ne voulut rien entendre. Il se
leva et sortit. La députation parut hésiter, mais les jeunes
ne purent se retenir : « Lâches, cria l'un d'eux à ceux qui
se disposaient à sortir, monté sur le fauteuil même du gou
verneur, où allez vous ? Nous ne sortirons d'ici que satisfaits. Vive la liberté, à bas le despotisme !...

Nous sommes entrés par la volonté du peuple, s'écrie
un autre, reprenant la célèbre phrase de Mirabeau, et nous
n'en sortirons que sur la pointe des baïonnettes ! »

La décision revient : on ne quittera point le palais sans
avoir obtenu satisfaction. « Nous ne sortirons point d'ici,
dit Habib Pacha, c'est entendu; mais il nous faut dire au
peuple, qui nous envoie, notre aventure, et, s'il le veut, il
viendra lui-même faire entendre sa volonté. » On passa à
la salle du télégraphe. Massée dans la petite cour qui y
donne accès, la députation prenait une attitude révolutionnaire décidée : « Le peuple a été insulté en nous, disait
Nasib Bey Djoumblat, l'un des deux chefs de la nation
druse, et notre devoir est de verser jusqu'à la dernière
goutte de notre sang pour laver l'insulte du peuple. »

Un petit groupe de jeunes gens s'en alla haranguer les
soldats : « Voici nos cœurs, dit l'un d'eux en découvrant
sa poitrine, logez-y vos balles... Nous ne sommes point des
lâches pour craindre la mort. Mais il est pénible de voir
vos bras obéir à un *intrus* qui vous asservit et se tourner
contre ceux qui viennent vous délivrer. »

Les soldats étaient gagnés, et bientôt le gouverneur se
trouva isolé. Un soldat ayant déchiré et jeté ses galons pour
se mettre du côté de la députation, son capitaine le fait jeter

en prison. Mais une protestation menaçante le fit remettre en liberté.

Les officiers turcs, qui se trouvaient en garnison à Beit ad Din, entamèrent des démarches pour la conciliation. Il était tard et la nuit était venue. Le Gouverneur se décide enfin à négocier. La députation exige avant tout des excuses publiques. Yousouf Pacha veut bien s'y résigner, mais la crainte le gagne et il demande à être rassuré. On lui promet les égards sollicités et, d'une voie tremblante, il balbutie quelques mots à peine intelligibles. C'était assez pour lors et le reste est renvoyé au lendemain.

Or, le lendemain, les populations druses des environs arrivent en masse ; des milliers de personnes remplissaient les alentours du palais. Le Gouverneur demande qu'on nomme une dizaine de délégués pour conférer avec lui. A peine ces personnes étaient elles entrées, qu'il leur déclare tout accepter :

Il révoque cinq hauts fonctionnaires, il écrit à Constantinople pour solliciter la dissolution du Conseil, rendu impopulaire par l'imposition de nouveaux impôts. Là dessus la députation se sépare.

Alors Yousouf Pacha appelle à la présidence l'homme du peuple, Sélim Bey Ammoun.

Fils d'un président de la Cour d'appel, neveu d'un président du Conseil, tous deux fort populaires, Sélim Ammoun commença par étudier la médecine, qu'il exerça assez lontemps. Naoum Pacha l'appela à l'administration, en le nommant caïmacam à Djezzin, puis à Batroun, au Kesrouan, puis président de la Cour d'appel. Peu après l'arrivée de Mouzaffer Pacha, n'ayant pu s'entendre avec lui, il démissionna. Nous l'avons vu démissionner encore sous Yousouf Pacha, qui pensait profiter de sa popularité et se jouer de son caractère.

Joignant aux qualités du théoricien celles de l'homme

GRANDE PORTE INTÉRIEURE DU PALAIS DE BEIT AD-DIN.

Construit par l'Emir Béchir vers 1830, détérioré lors des troubles de 1860, acquis
par le Gouvernement libanais et restauré par RUSTEM PACHA.

d'action, il avait un caractère indomptable et une fierté sans borne. Partout où il a passé, il a laissé des preuves d'intégrité, de justice et d'esprit d'organisation. A Djezzin où il débuta, il améliora ou plutôt créa les promenades publiques, procéda à des travaux d'assainissement, élargit les voies publiques, tr ça des routes. Souvent il faisait les travaux en régie et utilisait les services des prisonniers. Il fit pratiquer une vaste tranchée dans la montagne au sud est de Djezzin et dirigea lui même les travaux. Il institua des courses de chevaux sans paris, des courses à pied et des concours de tir. Il prenait part à ces jeux et exerçait une pression morale pour y faire participer l'élite de la société, la mêlant ainsi de force au peuple. Beau cavalier, sur sa jument blanche, habile chasseur et coureur agile, il se faisait porter en triomphe par le peuple. Il favorisait de même les réunions publiques, la culture des lettres, encourageant les représentations théâtrales faites par les amateurs. Enfin il dota Djezzin d'un beau palais, avec une vaste arène pour les courses. Dans le Batroun, il continua ses améliorations, il agrandit les vieilles rues tortueuses de la ville, organisa la municipalité et la police. Dans le Kesrouan, il fonda des sociétés, releva le moral du peuple en l'affranchissant de la pression des notables. Il groupa la jeunesse et l'enthousiasma. Il avait un beau talent oratoire et savait en user. Sa parole forte, vibrante, trahissait l'énergie de l'homme d'action et exerçait un suprême entraînement. Il improvisait en arabe comme en français et en anglais. Il fut toute sa vie l'homme du peuple, le modèle du libéral, sans exagération ni faiblesse, jaloux de conserver les traditions nationales et toujours en quête de réformes.

On lui reprochait bien de l'orgueil, de l'entêtement, de l'emportement, mais ce n'était que l'excès de ses qualités, et le sentiment intime d'une âme consciente de sa supériorité et de son désintéressement. Son orgueil, ce sont les grands qui eurent à en souffrir. Les petits et les humbles, le peuple n'avait jamais à s'en plaindre. Il le traitait avec une bienveillante familiarité, discutant ses affaires et se mêlant à ses travaux. Dans sa retraite à Bordj Ham moud, on le surprenait souvent conduisant la charrue ou piochant la terre de ses mains : « Ma plus grande ambition, disait il, est d'être maintenant le premier paysan de la contrée ! »

Il s'intéressait à tout, aux sciences, à la littérature, à l'histoire, à la législation. Quant aux questions religieuses, il ne les abordait jamais, observant une rigoureuse neutralité. Il avait un faible secret pour la littérature populaire et aimait à entendre nos *hawwals* improviser des vers. Dans sa jeunesse, il en aurait fait lui même. Son imagination romanesque se plaisait dans les récits et les aventures. Il aimait à lire Shakespeare, dont il possédait les Œuvres complètes, Victor Hugo, Lamartine et son *Histoire des Girondins*. Les auteurs récents, il les avait un peu négligés à cause de ses travaux agricoles qu'il aimait à allier aux lectures sur l'histoire ancienne de Rome et l'Arabie préislamique. Cependant, pendant sa dernière maladie, il aimait encore à entendre parler des derniers auteurs français parus. C'est ainsi qu'il lut l'*Aiglon* de Rostand, et retint ces deux vers qu'il aimait à répéter :

> Ce n'est point du poison grossier d'un mélodrame
> Que le duc de Reichstadt se meurt, c'est de son âme.

Peu de temps avant sa mort, il lut aussi quelques pages des *Désenchantées*, de Loti.

Lorsque le Gouverneur l'appela à la présidence du Conseil, il posa ses conditions. Tout lui fut promis. Il se mit à l'œuvre, rendit les délibérations publiques, mit à l'ordre du jour les principales réformes, et commença son action à l'extérieur par le relèvement moral de la milice. Il donna un banquet aux soldats et les harangua. Mais le Gouverneur déserta le siège du Gouvernement et ne voulut plus y revenir, allant à Aley où il passait la saison, oublier sa mésaventure dans les petits théâtres forains et sur la table de jeu. Il ne prit part aux affaires que lorsque le Gouvernement vint à Baabda, résidence d'hiver. Alors, il fit une opposition systématique et sourde contre Ammoun, dont la position devint bientôt intolérable dans son isolement. Il s'en plaignit une fois au milieu de ses intimes et exprima le désir de s'adresser directement au peuple pour lui exposer la situation et lui demander sa volonté. Son frère cadet, Nedjib Bey, s'emparant de l'idée, adressa par la voie des journaux, au nom de Sélim Bey, un message au peuple. Ce fut comme l'étincelle qui alluma l'incendie. De toutes parts le peuple répondait à l'appel ; le télégraphe, la poste, la presse, tout débordait. Ammoun devint fort perplexe, mais ne dit rien. Cependant, craignant une insurrection, les représentants des puissances, le Gouverneur, le Comité Union et Progrès demandèrent à Ammoun de désavouer l'appel.

Il hésita, mais tous ses amis insistèrent. D'ailleurs, le manifeste blessait, quoique indirectement, des agents consulaires.

Enfin Ammoun déclara laconiquement dans les journaux que la lettre n'était point de lui. Peu après il tomba gravement malade. Une opération à l'aine devint nécessaire. Il y consentit. On avait parlé de vingt minutes, elle dura une heure. Endormi au chloroforme, il s'éveilla au bout de quelques minutes et voulut rester conscient. Il étonna les médecins par sa maîtrise de lui-même et ne poussa même pas un soupir. Bien mieux, il retrouva sa gaîté et plaisanta: « Après cette opération, disait il, on va redevenir jeune, et qui sait? on va encore se marier. » Il faisait allusion à son célibat endurci.

L'opération réussit. Mais il souffrit encore longtemps. Une nuit, au sein d'une crise, s'étant précipité vers la fenêtre, il en plia les barres de fer dans l'effort désespéré qu'il fit pour respirer.

Deux de ses jeunes amis arrivèrent une fois chez lui au milieu d'une de ces crises de suffocation qui présentait l'aspect d'une terrifiante agonie. Ils ne purent retenir leurs larmes. Il fit des efforts impuissants pour parler...

« On ne doit point pleurer à votre âge, leur dit il, la crise passée. Moi, je puis verser une larme, non point de regret pour une vie que je n'ai jamais ménagée, mais de voir que je m'en vais sans avoir pu faire œuvre durable. Appelez cela impuissance ou remords, il n'en est pas moins vrai que je ne laisse rien après moi, et que l'avenir m'apparaît bien sombre pour vous. Je n'ai point d'enfants, mes enfants c'est vous, et je me sens attendri en pensant à la situation où je vous laisse. Mais l'attendrissement ne vous est point permis, à vous.

— Avons-nous beaucoup d'amis pour ne point regretter le seul qui nous reste? Avons nous beaucoup d'Ammoun?

— Eh bien, chacun de vous doit être un Ammoun après moi, et ce serait pour moi une peine plus grande que la mort que de vous laisser ainsi découragés. »

Il poursuivit avec chaleur et ces dernières paroles furent comme son testament... Mais l'effort qu'il faisait pouvait occasionner une crise qui serait fatale. En vain le priait-on de s'arrêter; pour le réduire au silence, il fallut le laisser seul dans la chambre.

Il était parvenu à la dernière extrémité, mais il se releva; et ce fut pour aller mourir à son poste, dans la salle même du conseil. Il y parut un peu pâle et amaigri, mais droit et toujours imposant. Venu dans son bureau près de la grande salle, il entendit un grand tumulte dans la cour du palais. Au même moment, on vint lui annoncer l'assassinat de l'émir Mohammed Arslan, député à la Chambre Ottomane et le fils d'un de ses meilleurs amis, l'émir Mou-

stafa. C'était la contre-révolution du 13 avril. Il se levait
pour aller parler à la foule, quand on le vit s'affaisser brusquement et appuyer sa tête sur le bureau. Sa main, rencon-
trant celle d'un docteur près de lui, se contracta fortement.
Tout était fini. Le grand Ammoun était mort.

Son corps fut transporté la nuit même à Deïr al Kamar,
sa ville natale qui se trouve placée très haut, à 8 heures de
Beyrouth. C'était une manœuvre habile et lâche pour empêcher les manifestations populaires autour de son cer-
cueil, à une époque où les hautes montagnes sont presque
désertes. Mais une manifestation eut lieu néanmoins dans
sa résidence, à Bordj Hammoud :

« Cette vie nouvelle que vous avez insufflée dans l'âme
de la jeunesse, dit le dernier orateur qui parla, si jamais
elle devait aboutir, la première couronne cueillie, c'est sur
votre tombe qu'on ira la déposer ! »

Ce fut un deuil national, et ce fut aussi le deuil de la
liberté du Liban. Le Gouverneur voulait venger sa lâcheté
et ses terreurs de Beit ad-Din, et, appuyé par quelques consuls de Beyrouth, il entreprit une campagne ouverte contre
tout ce qui était libéral et tout alla à la dérive, la tranquillité n'existait plus, et les voisins mêmes ne pouvaient
tolérer cet état des choses. A Beyrouth, où le Gouverneur
réside, la population fut indignée et vint le chasser de sa
demeure, il s'enfuit à Aley. Là, une bombe fut lancée
contre sa maison. Il en réchappa, heureusement pour lui.
Grâce aux éternelles divisions qui affaiblissent le Liban, le
Gouverneur règne en maître et son principal soin est de les
entretenir.

L'autonomie du Liban a été une chose précieuse, puis
qu'elle lui a permis de se développer et d'évoluer, mais son
statut organique devient insuffisant en raison même de cette
évolution et risque par les abus qu'il ne peut enrayer de compromettre la situation. Élaboré pour une période d'anarchie,

il donnait une autorité absolue au Gouverneur, autorité dont tous les titulaires ont usé et abusé. L'avenir de la Syrie dépend grandement de celui du Liban, qui en est comme l'âme et le centre intellectuel. Le condamner ainsi, au milieu de son évolution, à l'inaction, c'est prononcer son arrêt de mort, et la mort du Liban ne peut que compromettre gravement l'avenir de la Syrie.

CONCLUSION

Des épaves des nations asservies et des conquérants conquis à leur tour, nous avons vu la Syrie des Arabes constituer un puissant État, qui s'avance hardiment jusqu'aux portes de Constantinople. Là, un peuple encore inculte reçoit une éducation qui lui permet de créer une civilisation propre et des institutions nouvelles. Puis, les divisions politiques, les luttes intestines et les invasions déchirent cette unité, effacent cette civilisation, tuent ces institutions, et convertissent en misère la prospérité d'antan.

Nous avons vu les montagnes du Liban garder, dans leurs roches inaccessibles, l'étincelle sacrée qui ramènera la clarté sur l'horizon assombri. Nous avons vu les populations chrétiennes échapper par leur isolement à l'anarchie générale et, sous la protection de la France et des pontifes de Rome, parvenir à se reconstituer, pour descendre de leurs hauteurs, avec la rapidité et la force d'un torrent, et se répandre dans la Syrie, en Égypte, en Europe, et pousser jusqu'aux deux Amériques. Elles fondent les écoles, elles inaugurent la presse, font refleurir l'industrie et le commerce, et ramènent ainsi la vie depuis longtemps absente. Représentant pour l'Occident l'élément éclairé qui a secoué la torpeur séculaire pour se rallier à l'activité moderne, ils sont pour l'Orient les apôtres du progrès.

Leur vie gagne tout leur milieu, leur exemple est suivi, et l'on voit, sur l'antique terre des ruines, se produire une renaissance générale. Les divisions religieuses s'atténuent, les haines séculaires s'apaisent, les barrières des classes

tombent, la pensée s'éveille, l'individualité humaine con
quiert ses droits, et la grande œuvre de fusion commence.

Devant la distance parcourue et le progrès réalisé, le
rêve que nous osions formuler, en commençant cette étude,
celui d'une Syrie *une* et *unifiée*, où l'harmonie naitra de
la diversité même, paraîtrait il encore tellement irréali-
sable?...

Le premier pas est fait, et c'est le premier pas qui coûte.
Ce qui reste à faire est moindre que ce qui a été fait déjà.
Fort de ce premier succès et les yeux sur l'avenir, nous
gardons au cœur notre espoir inébranlable. A ceux qui
regardent les nuages amoncelés sur l'horizon, nous répé
tons ces vers d'un Syrien :

> ... Ce qu'on voit s'élever comme une ombre du soir,
> C'est la brume mystique où se voile l'espoir.

Écrivant pour un public français et à propos d'un pays
tout imprégné de la culture française, il y aurait peut être,
dans cette étude, matière à d'intéressantes déductions.
Nous les laissons au lecteur, en nous contentant de quel
ques observations.

La France fait-elle tout ce qu'elle peut pour utiliser les
ressources sacrifiées? Est-ce assez que de protéger l'école
et de se désintéresser de ceux qu'elle a formés? A t on rem
pli toutes ses obligations morales, quand, le germe de la
civilisation jeté, on l'abandonne à tous les hasards de la
destinée?

Est on toujours sûr d'avoir choisi l'homme qu'il faut
pour représenter la France éducatrice et intellectuelle dans
un centre qui attend d'elle des guides et des maîtres? Les
traditions, les cadres trop rigoureux des carrières, sont-ils
toujours d'accord avec les besoins spéciaux de chaque cen
tre ?...

Un homme, si distingué soit il, a-t-il, dans un stage de

trois ans, le temps de connaître et de s'intéresser à un pays
où il ne fait que passer, pour pouvoir être le trait d'union
entre ceux qu'il représente et ceux pour lesquels il vient?

La peine que l'on ressent en voyant échouer des œuvres
essentiellement civilisatrices et, par conséquent, essentiellement françaises, comme la presse et les associations litté
raires, n'est-ce pas un sentiment voisin du remords ?...

La France et les sociétés françaises soucieuses de l'avenir
et de l'expansion de sa culture, pourraient elles se désin
téresser longtemps encore de ce centre intense de culture
française qu'est la Syrie?

L'avenir de la Syrie est dans une éducation en harmonie
avec ses besoins économiques et industriels, aussi bien
qu'intellectuels, dans une éducation qui respectera son individualité et sa physionomie propre. La Syrie ne peut s'être
trompée de chemin en prenant celui de la France.

K. T. KHAÏRALLAH.

TABLE DES MATIÈRES

9712   TOURS, IMPRIMERIE E. ARRAULT ET Cⁱᵉ.